AF473214

PROSPER DUGAS

Imp. A. Salmon

PROSPER DUGAS

VIE ET SOUVENIRS

IMPRIMERIE DE OUDIN FRÈRES,

POITIERS | PARIS
4, RUE DE L'ÉPERON, 4. | 51, RUE BONAPARTE, 51.

1878

OFFERT A

Ces souvenirs ne sont point destinés au public. Le chrétien excellent qui s'y trouve loué par la simple histoire de ses œuvres, n'avait rien à cacher, mais il goûtait si bien la vie cachée en Dieu et si peu l'attention des hommes, ses actes mêmes les plus extérieurs ont été tellement faits en vue du seul Livre qui s'écrit dans le ciel, que produire sa mémoire au grand jour serait presque le trahir. Seuls les témoins de cette humble et sainte vie, privés désormais de la joie, des exemples et du soutien de sa présence, avaient droit d'en réclamer une image qu'ils garderaient, si effacée qu'elle fût, comme une consolation, un encouragement et une clarté.

C'est pour eux et pour leurs enfants, que cette biographie a été composée. Des notes précieuses, de nombreuses correspondances religieusement conservées par la piété filiale ou par une sympathique amitié, en ont fourni les meilleurs éléments. Où trouver mieux que dans ces épanchements du cœur un miroir fidèle de cette âme, qui s'ouvrait avec d'autant plus d'abandon qu'elle ignorait ses mérites?

Un dernier mot : Ce livre, encore une fois, étant tout confidentiel et rempli de détails qui n'ont de prix que pour la famille, nous supplions les personnes qui en agréeront l'hommage, d'en respecter le caractère, et de ne le prêter qu'avec réserve.

Puissent seulement ces pages, en faisant revivre quelques traits d'une figure dont le voisinage fut si salutaire et si doux, susciter quelques bons sentiments dans le cer-

cle intime auquel elles s'adressent, y accroître surtout le triple amour de Jésus Christ, de la Sainte Église et des pauvres! Alors celui qu'elles rappellent ne nous les reprochera pas, car elles n'auront fait que continuer pour leur petite part après sa mort, ce qui fut pendant sa vie l'objet d'une principale et constante aspiration.

6 Novembre 1877.

Second anniversaire de sa mort.

PROSPER DUGAS

VIE ET SOUVENIRS.

I.

SA FAMILLE. — SON ÉDUCATION.

Prosper Dugas naquit à Lyon, sur le quai du Rhône, hors les anciennes portes Saint-Clair, le 14 octobre 1810, et fut baptisé le lendemain dans l'église de Saint-Denys de la Croix-Rousse. Il était le quatrième de huit enfants morts presque tous à la fleur de la vie.

Son père, M. Laurent Dugas, était un type de ces anciens Lyonnais dont notre ville et son commerce aiment encore à invoquer le nom, comme un de leurs titres de crédit et d'honneur : chrétien de vieille roche, souvent rude à force d'être inflexible dans les questions de loyauté et de conscience, très-charitable d'ailleurs et très-dévoué quoique faisant ses charités sans bruit et comme en se cachant, il s'était acquis dans le monde de ses amis et des négociants le renom d'une droiture presque proverbiale, comme dans le monde des ouvriers et des pauvres, et on peut dire dans la cité entière, la considération d'un homme de bien. Sa mère, Elisabeth Calas, parente du protestant Calas qui fut rompu vif à Toulouse, mais appartenant à une branche récemment rattachée à la vraie foi, aurait pu mériter en partie l'éloge décerné par l'Ecriture à la mère des Machabées. Elle était pleine de sens, et joignait une mâle énergie à tous les sentiments délicats de la femme. Active et donnant à ses devoirs maternels et au gouvernement de son intérieur tout ce qu'elle ne donnait pas à la prière et à la lecture des choses saintes, elle était vraiment le centre et l'âme de sa maison.

Tous deux avaient traversé enfants le plus fort de la tourmente révolutionnaire, et les horreurs du siége de Lyon étaient leurs premiers souvenirs. Mais, grâce à Dieu, dans leurs familles la foi religieuse pas plus que les convictions royalistes n'avaient sombré pendant la tempête. Ils ne firent que perpétuer les traditions du foyer, en faisant présider à toute leur vie domestique la crainte de Dieu, la sainte horreur du péché et une piété fervente. Seulement, par la faute des temps et du milieu plus que par la leur, cette piété était empreinte d'un peu de jansénisme, non dans ses erreurs dogmatiques, mais dans cette austérité excessive qui semblait prendre à tâche d'aggraver le fardeau, et de durcir le joug. Disons tout : dans cette maison, où le nouvel ordre de choses n'était rien moins qu'en honneur, on voulut être plus papiste que le pape, et un moment, sous l'influence surtout de la grand'-mère maternelle, on ne craignit pas de frayer avec un vieux prêtre anti-concordataire, qui dirigeait à Lyon un petit troupeau. Prosper Dugas se souvenait d'avoir été conduit quelquefois dans sa première enfance aux offices de la Petite-Eglise, dans une chambre de la banlieue appropriée à cet usage. La grande et unique Eglise aura sa revanche. Quand on le verra apporter son ardent concours à la cause du Pape et de Rome, il expliquera ce zèle à sa façon : « Je suis un converti du jansénisme et de la Petite-Eglise, comment n'aurais-je pas les entraînements d'un néophyte : il faut le dire pour que je rachète mes erreurs de jeunesse, et que j'acquitte ma famille. » Au moins pour les idées jansénistes, il se calomniait. Le sens chrétien le plus pur avait gardé de si bonne heure toutes les avenues de cette âme timide, qu'aucune goutte de venin n'avait pu en aucun temps en ternir la clarté. C'est une ancienne lettre qui nous l'apprend, et qui lui fait même un peu la guerre sur ce qu'elle appelle son esprit de parti. Non-seulement il n'avait jamais voulu biaiser; mais prenant l'offensive avec une assurance au-dessus de son âge, il se donnait ouvertement pour le partisan et le champion des Jésuites. Aussi bien , qui sait si , dans les desseins de Dieu , cette atmosphère trop sévère où grandit son enfance, ne devait pas précisément servir à fortifier dans son âme les premières racines de cette foi ferme, active, militante, ennemie déclarée des compromis et des nuances, qui dès sa jeunesse domina toute sa vie? Comme l'abeille qui sait faire un miel délicieux avec des fleurs insalubres et sauvages.

Quant à la Petite-Eglise, le jeune égaré avait tout au plus l'âge de raison quand il se convertit, puisque conversion il y a. Encore tout enfant, on le voit assister assidûment avec sa religieuse famille à la messe du prône et aux vêpres à la paroisse Saint-Denys, et, au dire d'une ancienne servante, quelques personnes du voisinage ne l'appelaient pas autrement que le petit ange, tant son maintien recueilli et sa ferveur à l'église étaient déjà comme une prédication Cette même domestique avait remarqué que de grand matin, dans les jours les plus rigoureux de l'hiver, on apercevait de la lumière à la fenêtre de sa chambre. Il était levé le premier de tous, priait au pied de son lit, et s'habituait à méditer. Il suivait en cela l'élan de sa bonne petite âme, admirablement prédisposée par sa pieuse mère qui l'aimait d'une tendresse de prédilection, et dont il tenait étroitement par le cœur, l'esprit et le caractère.

Nous avons nommé la Croix-Rousse aux premières lignes de ces pages ; la famille habitait alors ce quartier, dans une maison tranquille et isolée de la rue des Gloriettes, à la fois maison de campagne et de ville, dont le jardin s'étayait sur le flanc de la colline qui domine le cours du Rhône : c'était, à peu près comme aujourd'hui, ce faubourg d'ouvriers au nom assez mal sonnant, où le désordre dispose à ses heures de complices nombreux et redoutables, mais qui renferme sous ces couches suspectes et ces ferments d'émeute, des éléments incontestables de bien et une foule de misères dignes de toute pitié.

Au commencement de 1816, M. Laurent Dugas avait dû, à son corps défendant, accepter la mairie de cette importante commune, distincte à cette époque de la mairie de Lyon. La fermeté même de ses principes et l'indépendance connue de son caractère, lui rendaient particulièrement la tâche délicate. Toute la partie de ses administrés (et c'était la majorité sans contredit) qui tenait pour les souvenirs de l'empire ou les idées républicaines, pouvait se rappeler que le nouveau maire avait applaudi ouvertement en 1814 à la Restauration des Bourbons ; que, se trouvant, lors du retour de l'île d'Elbe, membre de la chambre de commerce, il s'était hâté, malgré les instances de ses collègues, d'offrir sa démission pour ne pas prêter à Napoléon un serment qu'il avait prêté au Roi ; enfin, qu'après les Cent-Jours, nommé capitaine au bataillon de la garde nationale de la Croix-Rousse, il n'avait vu dans ce grade qu'un engagement de plus à ne dissimuler ni son drapeau ni sa foi. En revanche, les fonctions municipales, surtout dans un tel milieu et dans les circonstances que l'on traversait, offraient à M. Dugas tout ce qui pouvait convenir à sa charité modeste : moins de droits à exercer que d'obligations à remplir, le moyen et le devoir de payer de sa personne, de ses conseils et de sa bourse, sans relâche et sans éclat.

Il trouvait en effet devant lui pour son début toutes les plaies encore vives des deux récentes invasions, le prix des denrées fort élevé, le travail des ateliers ralenti, nombre d'ouvriers sans travail et sans ressources, c'est-à-dire du pain à procurer, des alarmes à calmer, peut-être des désordres à prévenir. En peu de mois, son administration sage et paternelle autant que ferme avait fait disparaître bien des préventions, conquis la confiance même des plus exaltés, et il s'était signalé par plus d'un service considérable en faveur du bien-être moral et matériel de la commune. Le rôle notamment qu'il joua, en 1817, dans la commission des subsistances, instituée en faveur des ouvriers indigents, lui valut avec les suffrages les plus significatifs de la reconnaissance publique et de l'estime populaire, les plus flatteuses félicitations du préfet d'alors, le comte de Chabrol, son admirateur et son ami.

Toutefois, consciencieux jusqu'au scrupule, et craignant de ne pas se consacrer assez à toute l'étendue de son mandat, il commença cette année même à solliciter son remplacement. Il dut reculer devant un refus absolu de la préfecture ; plusieurs fois il revint à la charge, sourd à l'opposition de son conseil municipal et aux regrets de ses administrés ; et on peut dire que, pendant cinq ans, l'autorité départementale dut soutenir une lutte presque continuelle avec cet homme trop défiant de lui-même, pour l'obliger à conserver son poste. Ce fut seulement à la fin de 1820 qu'on finit par céder à ses instances. Encore se vengea-t-on de son humilité obstinée, en le nommant successivement, et en dépit de ses refus réitérés, conseiller municipal de la Croix-Rousse, conseiller d'arrondissement de

Lyon, conseiller municipal de la même ville, membre de la commission des hôpitaux. En 1828, il recevait à sa grande surprise la croix de la Légion-d'Honneur, qu'il avait refusée en 1814. Plus tard, en 1831, il était à son poste, au cœur de l'émeute, à la Croix-Rousse. C'était de longue date sa seconde famille, et de tels écarts, si coupables qu'ils fussent, n'avaient pu rompre les vieilles attaches. Lorsque le duc d'Orléans vint avec le maréchal Soult achever de pacifier la ville, il le manda auprès de lui, comme un des hommes les plus à même de lui fournir sur l'esprit de la population ouvrière des appréciations autorisées. Qulques-uns de l'entourage de Son Altesse objectèrent bien au prince qu'il s'adressait à un royaliste et à un adversaire, il leur fut répondu qu'on pouvait toujours compter sur la parole d'un honnête homme, et que si le pouvoir n'avait que des ennemis de ce genre, les difficultés seraient singulièrement amoindries.

M. Dugas fit plus dans l'insurrection d'avril 1834. Les insurgés, retirés à la Croix-Rousse, se battaient avec acharnement depuis quatre jours. Convaincus que la république avait été proclamée à Paris, ils se croyaient sûrs du triomphe de la liberté. Les troupes étaient campées à Montessuy, et le général qui les commandait, désespérant de se rendre maître de la situation par un autre moyen, allait ordonner le bombardement du quartier, lorsqu'à ce moment même, M. Laurent Dugas reçut son courrier de Paris, lui apprenant que l'ordre régnait partout. Il en fit aussitôt prévenir le chef des émeutiers, qui, incrédules encore, le firent prier de venir lui-même leur montrer ses lettres. Fort de sa conscience et du sentiment du devoir, l'ancien maire partit, accompagné de son successeur M. Frédéric Sandier, un autre nom cher à la Croix-Rousse, et de deux ou trois autres personnes sûres et dévouées. Il neigeait, la nuit était froide, les généreux parlementaires la passèrent à haranguer ces malheureux ; à force de peine, ils leur firent comprendre que tout espoir de résistance efficace était perdu, et qu'il ne restait plus qu'à se soumettre. Le lendemain, 18 avril, les barricades avaient disparu, et nos troupes entraient sans effusion de sang.

Si nous rappelons ces faits, étrangers en partie à la vie qui nous occupe, c'est qu'ils eurent une influence réelle et profonde sur sa direction future ; on pourrait presque dire qu'ils en sont le commentaire et le germe anticipé. A un âge où tant de choses passent inaperçues ou s'oublient, l'enfant garda vivants dans son cœur ces souvenirs de la Croix-Rousse ; et les belles actions qu'on y racontait de son père devinrent comme la légende de famille, légende pratique et féconde qui sera un jour l'exemplaire de sa conduite. De là un attachement aux classes pauvres et laborieuses qui résistera aux plus dures épreuves, et que les plus sombres journées d'émeute ne parviendront pas à entamer. De là, les habitudes d'une charité, plus alerte et plus souriante que celle de son modèle, mais toute aussi simple, et qui aura pour maxime favorite de laisser ignorer à la main gauche tous les bienfaits de la droite.

Son intelligence s'ouvrait comme son cœur au contact de son père. Esprit sérieux et cultivé, en relation avec une pléiade d'hommes graves et instruits, qui se sont distingués dans des voies différentes, MM. Ballanche, le grand savant chrétien, Ampère, Camille Jordan, de Gérando, Bergasse, de Lacroix-Laval, Dugas-Montbel, ce dernier son parent, tous ses compatriotes, tous, à des degrés divers, ses contemporains et ses amis, M. Laurent Dugas ne se trouvait nullement déplacé dans leur société. Absorbé cependant par ses propres affaires et ses devoirs publics, il n'avait pour les siens et l'éducation de ses enfants que de très-courts loisirs. La mère surtout, nous l'avons dit, fit le cœur de son fils à l'image du sien. Peu à peu, sous cette main tendre, mais forte, les petits défauts disparaissaient ou s'atténuaient : car où est l'enfant sans défauts? On lui avait reproché particulièrement d'être taciturne, maussade, un peu brusque et sauvage. « Tu écris divinement à mon goût, mon cher enfant, lisons-nous dans un billet de sa mère; mais pourquoi ne parles-tu pas mieux, ou du moins davantage? Il y a longtemps que je te dis que tu es mieux de loin que de près. Vivant ensemble, ne pourrais-tu pas être plus prodigue de cette amabilité dont tes lettres sont pleines? C'est un vol que tu nous fais. »

Le collége ne l'enleva qu'à moitié à cette douce culture maternelle. Dans cette famille très-unie, il ne pouvait être question de l'éloigner : on se contenta de mettre l'enfant dans une institution de la ville, où il était facile de le voir et d'obtenir des sorties. Il passa successivement dans trois de ces pensions, dirigées toutes trois par des laïques. Le monopole universitaire laissait si peu de choses pour l'éducation commune! Quelles garanties offraient ces pensions au point de vue de la religion, de la moralité, de l'esprit général des études, et faudrait-il rappeler ici le mot d'un Père de l'Église, que les oreilles des disciples étaient plus saintes que les lèvres de ceux qui les enseignaient? Nous n'avons nulle raison de le croire, à en juger par la reconnaissance affectueuse que l'élève garda toute sa vie pour ses anciens maîtres. Ce qui est certain d'ailleurs, c'est qu'entré là avec ses dix ou onze ans, pieux et pur comme sa mère l'avait formé, il n'en sortit adolescent que pour répandre autour de lui l'ardeur de sa foi et le parfum de sa vertu.

Il était dans une de ces pensions, rue des Augustins, à l'époque de sa première communion. Il la fit le 20 mars 1823, dans l'église Notre-Dame-Saint-Louis (devenue aujourd'hui Notre-Dame-Saint-Vincent). De ce moment surtout date cette habitude constante de tout rapporter à Dieu, de s'approcher de Lui avec amour et confiance, qui allait être désormais comme la séve de sa religion, et que sa pieuse mère lui avait saintement recommandée en lui envoyant la veille du grand jour sa bénédiction maternelle. Lui-même avait écrit à ses parents, en les priant de le bénir : « C'est l'action qui doit décider de ma conduite future ».

Une autre circonstance, celle-là triste et toute fortuite, survenue l'année suivante, devait contribuer, à sa manière, à sanctifier sa vie. Une sorte de rougeole, d'un caractère grave, avait fait irruption dans la famille, qui comptait encore six enfants. L'une de ses sœurs, dont on commençait l'éducation à la Visitation de la Croix-Rousse, après avoir traîné plusieurs mois, avait succombé à une crise imprévue la veille du jour où elle allait faire sa première communion. Atteint lui-même par le même mal, il prit froid, et la rougeole rentra (1824). De là une surdité qui, à peine sensible dans le début, finit par devenir avec les années une infirmité véritable et une croix de tous les instants, mais croix qu'il portait d'un cœur si allègre, que, bien loin de jamais s'en plaindre, bien loin d'en demander la délivrance au ciel ou aux remèdes, il en bénissait Dieu chaque jour comme d'une grâce due à un amour particulier du bon Maître. Dieu sait pourtant si c'était une privation pour cette nature franche et aimante de n'avoir plus ses communications libres et complètes avec les siens !

Pour revenir à ses études, à seize ans il les avait terminées, non sans avoir pris la peine de faire couronner son front après chacune de ses classes, ni sans laisser la réputation d'un esprit vif et alerte. Témoin une lettre d'un de ses maîtres, M. Clermont, datée de 1826, au lendemain de son adieu à la vie d'écolier. Il s'agissait d'une fête de famille, et l'on réclamait quelques couplets de circonstance. Tout de suite l'ancien professeur a trouvé son poëte : « Tirez-vous-en comme vous pourrez, mon bon ami; quant à moi, j'ai toujours vu des pensées neuves et délicates dans vos compositions, et je ne suis pas en peine ».

Mieux que ce trait, le goût qu'il garda toute sa vie pour les lectures sérieuses, pour ses classiques et son latin prouvent que les premières semences littéraires étaient bonnes, et avaient été accueillies par un sillon fertile. Jusqu'à ses dernières années, et malgré ses occupations multipliées, il aimait dans ses rares moments libres à refaire connaissance avec ses vieux auteurs. Virgile, dont il savait encore par cœur de longues tirades, Horace, Tacite, parmi les anciens; Bossuet, Bourdaloue, Racine, pour le XVIIe siècle, étaient restés ses préférés. On comprend toutefois que, dans son temps de collége, l'amour de l'antiquité romaine et du siècle de Louis XIV ne captivaient pas tellement ce jeune cœur de rhétoricien, que les jours de sortie et de vacances ne fussent des jours radieux entre tous. La mort n'avait pas encore tout à fait dépeuplé l'heureux nid de la famille. Les cinq enfants qui restaient sous l'aile maternelle se suivaient à peu d'années de distance, se chérissaient de tous leurs cœurs et, bien que se querellant à plaisir, n'aimaient rien tant que de se trouver ensemble.

Il est vrai, dans cet intérieur de la rue des Gloriettes, un peu rigide, comme nous l'avons dit, et aussi réglé qu'un couvent, ce petit monde n'était pas élevé mollement. C'était de tous points la véritable éducation chrétienne, éducation virile et bien ordonnée, qui, avec le Décalogue, met le respect en tête du quatrième précepte, et qui, loin d'asservir les parents à l'enfant, fait du père un chef et un souverain dans son foyer; mais tout cela, en trempant les caractères et en préparant la dignité de la vie, n'excluait ni la douceur des relations ni les joies innocentes. Aussi était-on à ses heures fort joyeux dans cette maison, joyeux de cette gaîté franche, sereine, presque naïve et enfantine, trop défraîchie de nos jours. On n'y allait pas dans le monde; mais quel monde eût valu celui de chez-soi?

C'étaient, à de courts intervalles, des réunions nombreuses, quoique toujours intimes, des jeux de toute sorte, des plaisanteries de bon aloi dont nul ne songeait à se fâcher, souvent des promenades et des parties de fête où l'on riait à plein cœur. On allait aussi, de loin en loin, passer quelques jours à Saint-Chamond, où habitait, avec l'un des frères de M. Laurent Dugas, qui était la bonté et la gaîté même, une grande partie de la famille paternelle. Là surtout il y avait nombreuse compagnie d'enfants, et on s'amusait beaucoup. Les survivants d'alors se rappellent toujours avec bonheur les plaisirs simples de ce beau temps.

A toutes ces réunions, s'il faut en croire d'anciens souvenirs demeurés très-vifs, et quelques vers épars qu'on a retrouvés, Prosper Dugas, quoique d'un caractère sérieux et tranquille, apportait son large contingent de belle humeur et d'entrain. Il excellait spécialement dans la charade, dont il ajustait les rimes avec une facilité et une verve charmantes. Aussi va-t-il être désormais, presque jusqu'à ses derniers jours, le poëte obligé de toutes les fêtes de famille. Il ne se fera pas un mariage, dans le cercle des parents et des amis, qu'on ne fasse appel à sa muse; et à toutes ces petites exigences de l'affection, il se prêtera avec cette bonne grâce de l'âme charitable et candide, qui ne cherche qu'à faire plaisir aux autres sans se chercher elle-même.

II.

SA JEUNESSE. — DÉBUTS DANS LE COMMERCE. — VOYAGES DANS LE NORD DE L'ITALIE. — QUELQUES DEUILS DE FAMILLE. — SES PREMIÈRES ŒUVRES DE CHARITÉ. — SES PREMIERS AMIS.

Rentré définitivement, au terme de ses études littéraires, sous le toit paternel, Prosper Dugas ne devait pas y trouver précisément cette liberté qu'on rêve d'ordinaire à son âge à la sortie du collége. Mais, à dire vrai, sa simplicité toute filiale lui avait-elle jamais permis de rêver autre chose que le bonheur de seconder son père et d'alléger ses travaux en venant les partager ? Il s'était accoutumé de vieille date à voir sa place dans la maison de commerce que son père, aimé et respecté, dirigeait depuis de longues années ; et l'idée qu'il pourrait s'ouvrir un autre champ d'action ne lui vint pas un seul instant à l'esprit. Là, la voie était toute frayée, les traces encore toutes fraîches, le guide et l'appui tout préparés. Il commençait à s'initier au maniement des soieries et de la banque.

Nos anciens négociants le savent assez : alors bien plus qu'aujourd'hui, le commerce lyonnais était une région où l'on n'avait rien moins que les coudées franches. Les habitudes rigides, nous allions presque dire jansénistes, de la piété française de ce temps semblaient avoir déteint jusque sur ce domaine. Pour être réputé bon négociant, il fallait être de très-bonne heure à son bureau, ne le quitter que tard, s'en éloigner le moins possible dans le cours de la journée, admettre à peine quelques amis dans le sanctuaire, et considérer en principe les visiteurs étrangers aux affaires comme des importuns qu'il faut congédier au plus vite. En deux mots, la chaîne était courte et pesante. Or, dans la maison de commerce de M. Dugas, l'antique consigne était strictement gardée. Il est facile de s'imaginer combien ces coutumes d'étroite observance devaient être peu sympathiques aux allures ouvertes et cordiales de notre jeune débutant; mais son goût n'entrait jamais que le dernier en ligne de compte, et bien loin de ronger ses fers, il trouvait son rude devoir tout naturel et tout simple. Il savait d'ailleurs concilier toutes choses; grâce aux habitudes matinales et actives qu'il garda toujours, il pouvait contenter à la fois le bon Dieu, l'amitié, la charité, sans mécontenter son père et sans manquer aux exigences beaucoup plus ingrates du bureau. Il paraît même qu'il trouvait encore le temps d'entremêler à tout cela l'étude et la lecture, et non sans s'attirer quelques plaisanteries de sa mère. Tant il est vrai que la piété véritable et l'accomplissement exact du devoir n'étouffent point l'esprit et s'harmonisent bien dans un cœur avec tous les bons sentiments. Ce sont là d'excellentes dispositions pour être béni de Dieu dans son travail : aussi bien il y réussissait.

Son père, qui surveillait de près ses débuts, était un excellent maître. Vieilli dans la pratique du métier, il s'était acquis par sa probité et sa haute expérience des choses commerciales une notoriété et une confiance qui le maintinrent de longues années à la présidence de la chambre de commerce [1], et qui firent souvent rechercher son arbitrage

1. Il entra à la chambre de commerce le 2 janvier 1812, fut nommé président le 24 avril 1828, sortit en 1838, rentra le 18 juillet 1839, fut de nouveau nommé président en 1844 le 19 septembre, en sortit le 22 août 1845.

Se trouvant président depuis deux ans, lorsqu'éclata la Révolution dans les questions compliquées et délicates. C'est ainsi que dans la crise commerciale d'Amérique qui sévit en 1837 et 1839, et qui mit plusieurs maisons de notre ville dans l'impossibilité de faire face à leurs engagements vis-à-vis de la fabrique lyonnaise, il fut l'objet du plus remarquable témoignage de considération que peut-être jamais négociant ait reçu. Spontanément et d'un commun accord, les fabricants prièrent M. Laurent Dugas d'examiner lui même la situation financière des maisons compromises, et de prononcer ensuite s'il y avait lieu ou non à la liquidation, en déclarant qu'ils s'en rapportaient absolument à son jugement.

A l'école d'un tel maître, l'intelligence de l'élève était promptement arrivée à voir juste et clair dans le pays abstrait de la banque et des chiffres. Prosper Dugas avait 19 ans lorsque son père l'envoya pour la première fois dans le nord de l'Italie. C'était tout ensemble un voyage d'agrément et d'affaires, une récompense et une épreuve. Il justifia pleinement l'une et l'autre, malgré ses appréhensions et sa défiance de lui-même. Plusieurs fois se renouvela l'expérience : on n'eut point à s'en repentir. Ce fut pour tous un grand événement que le premier départ pour l'Italie : jamais, dans cette famille aux mœurs antiques, aux habitudes casanières, on ne s'était dit adieu pour une si lointaine absence ; et tandis que pour la mère l'affection grossissait les dangers qui attendaient l'âme et le corps, et qu'elle munissait son fils de toutes les recommandations que peuvent suggérer la foi et la crainte du péché, celui-ci sentait d'avance la pensée de ce qu'il allait laisser assom-

de 1830, il déclara qu'il refuserait le serment. Mais cette barrière qui brisa alors tant de capacités et de dévouements s'abaissa devant lui. Il eut l'honneur d'être du nombre des privilégiés en faveur desquels le nouveau régime dut faire une exception, et, sans exiger aucun serment, on le conserva dans sa charge.

brir ses horizons les plus dorés et ses plus beaux mirages. Du moins s'est-on promis de s'écrire souvent. Ces séparations nous ont valu du jeune voyageur un ensemble de lettres qui, après avoir fait les délices des siens, restent comme un reflet vivant de toutes ses bonnes qualités. A son père, il envoie régulièrement des bulletins de commerce, rapides, nets, précis, comme doit être ce genre de correspondance; mais avec sa mère et l'aînée de ses sœurs, il se livre tout entier, et l'on voit dans ces pages transparentes tout ce qui fleurit dans cette âme, d'amour des siens, de foi courageuse et de pureté délicate. Oh non, il ne ferme pas les yeux, il les ouvre tout grands, pour regarder et admirer les nouveautés et les belles choses de la route, encore qu'il proteste de sa faiblesse, et qu'il ait grand peur des mauvaises occasions, des tentations de dépenses et des surprises des yeux.

Il ne manque pas de visiter les principales églises, l'arc du Simplon, les Arènes, Saint-Ambroise et la Consolation, les palais et monuments importants, le musée de Brera ; mais le Dôme de Milan surtout l'attire et le charme. Chaudement recommandé par son nom seul à tous les correspondants de son père, et obligé de traiter d'affaires avec eux, il a le bon esprit de ne point esquiver les invitations comme un sauvage, et bien qu'il s'accuse de ses insuccès et de sa gaucherie d'étranger par quelques aveux qui échappent à sa plume, on voit qu'il est entré de plain-pied dans la haute société commerçante de Turin et de Milan, et qu'il ne doit point y faire trop mauvaise figure. Les repas, les salons, le luxe, le train de vie et d'équipages de tout ce monde, qui ressemble peu au sien, quelques dissertations religieuses, littéraires et politiques, qu'il a de loin en loin l'occasion d'entamer, lui inspirent mille observations aussi fines que justes. Mais au fond, que lui importait tout cela ? Rien ne lui faisait oublier la chère maison, ni les soirées douces et tranquilles, ni les pieuses pratiques de la rue des Gloriettes. Le chapelet chaque jour, la messe chaque matin ; le début de la journée n'appartient il pas de droit à Celui qui nous la donne ? Souvent le soir, dans quelque petite église retirée, la bénédiction du Très-Saint-Sacrement. Si la poste lui remet un gros paquet de lettres de la Croix-Rousse, quelle joie ! Mais quel mécompte, comme il sent venir le mal du pays, s'il y a eu retard ou pénurie dans le courrier ! Ces lettres, ordinairement pleines de la bonne et forte morale de sa mère, et de la petite chronique locale qu'on peut lui faire malgré les distances, lui apportent son meilleur aliment, son reconfort et son lest. Aussi le soir il laisse aller seuls au théâtre ses compagnons et ses hôtes, qui ne partagent pas toujours toute la sévérité de ses vues. Pour lui, tout au plus s'est-il permis d'assister à une représentation donnée en petit comité et presque en famille. Combien il aime mieux rentrer seul à l'hôtel pour finir sa journée avec les siens en leur écrivant, en leur communiquant toutes ses impressions, comme s'il causait avec eux, en les mettant de moitié dans toutes ses menues aventures, en répondant aux petits sermons de sa bonne mère par des sermons peut-être plus élevés encore et étonnants pour un jeune homme de vingt ans ! « C'est bien, disait-il, mon heure la plus délicieuse. » Aussi quelle fête au retour, de toute façon et pour tous ! C'était la joie exilée qui rentrait au foyer avec le voyageur. Combien sa mère était heureuse de retrouver son même œil limpide, l'honnêteté de son cœur intacte, sa piété filiale et sa foi restées scrupuleusement fidèles à toutes les recommandations dont elle l'avait muni ! Avec quelle légitime fierté elle le félicitait, non d'avoir visité de beaux pays, mais « d'avoir triomphé des partisans du théâtre et de n'avoir pas rougi de Jésus-Christ ».

Mais y a-t-il ici-bas des joies complètes ? A cette époque même, la mort continuait à moissonner dans sa fleur le jeune monde de la famille. Des huit enfants qu'avait eus M. Dugas, il ne lui en reste bientôt que trois! En 1829, c'est encore une jeune fille qui meurt, à l'âge de quinze ans, des suites d'une fièvre typhoïde. En 1833, c'est un fils de seize ans, Camille, qui succombe à de violents crachements de sang provoqués par une étourderie de l'un de ses camarades. Nature entière, bizarre et remuante, il avait songé pendant ses classes beaucoup moins à son travail et à la discipline qu'aux parties de chasse et de pêche que lui réservaient les vacances, et aux rumeurs politiques qui pénétraient dans les murs assez mal gardés du collége. Les échauffourées passées et futures de la Croix-Rousse, le débarquement de Mme la duchesse de Berry à Marseille, en 1832, et son arrestation, le drapeau blanc et la Vendée, des invectives à perte de vue contre Louis-Philippe, le ministère Montalivet et tout le *juste-milieu*, l'ambition de servir un jour dans les armées de Henri V, voilà ce qui occupe en grande partie sa tête et sa correspondance d'écolier. Ses parents n'étaient pas sans inquiétude sur son avenir. Le commerce lui paraissait une prison, et il parlait déjà d'aller se battre pour les Carlistes, alors que don Carlos V n'avait point encore donné le signal de la lutte. Sans blâmer ce qu'il y avait de juste et de généreux dans ses idées, Prosper, son aîné de sept ans, s'était seulement appliqué à en modifier l'impétuosité trop juvénile. Il était pour ce frère le conseiller le plus écouté. En définitive, Camille mourut comme étaient mortes ses sœurs, dans la paix d'une bonne conscience, et Mme Dugas, toujours maîtresse d'elle-même, et soumise à la volonté divine, pouvait bien dire à Dieu, en lui remettant l'âme de ses chers enfants : « Seigneur, je n'ai perdu aucun de ceux que vous m'aviez confiés ».

Toutes celles de ses affections qui n'avaient plus leur objet sur la terre se reportaient naturellement sur les survivants. Prosper, en devenant fils unique, devenait de plus en plus le bien-aimé de sa mère, mais aimé de cette tendresse forte et bien comprise qui élève et affermit ce qu'elle touche, bien loin de l'amollir et de le gâter. « J'ai reçu ta « lettre hier au soir, mon bien cher enfant, lui écrivait, au « lendemain de ce dernier sacrifice, cette mère plus admi-« rable que nous ne saurions dire ; je l'ai vite parcourue, « et ce matin je l'ai savourée à loisir. Tu sais quel prix je « mets à l'affection de mes enfants, et combien les témoi-« gnages qu'ils m'en donnent sont délicieux à mon cœur. « Ces débris d'un grand naufrage sont mon unique bien. « Mon cœur est près d'eux tout entier. Est-ce que j'ai « tort. Ne puis-je pas, comme la mère de saint François « de Sales, t'appeler mon bon fils ? Non pas que tu sois « saint, mon petit, tu en es loin ; mais Dieu te fait la grâce « de désirer le devenir, et puisqu'Il a mis ce désir dans ton « cœur, Il le comblera, j'espère, en son temps... Prie bien « pour moi, mon bon Prosper, afin que je devienne pour « mes enfants un sujet de continuelle édification, et donne « quelque valeur à tes prières, en étant toi-même bien « sage. Tu t'amuses en ce moment, rien de mieux ; mais la « pensée de Dieu peut toujours se mêler à tous tes plaisirs « innocents, et, loin de les troubler, elle fait qu'on en jouit « mieux, parce qu'elle porte dans l'âme ce calme et cette « douce paix, sans laquelle il n'y a point de contentement. « Je me console d'ailleurs parfaitement que tu n'aies pas la « vocation de la chasse. Le patriarche Jacob ne l'avait pas, « et tu sais que cet homme, simple et paisible, était le « bien-aimé de Rebecca. Sois donc mon Jacob, nous avons « bien assez d'Esaü.. Adieu, cher enfant, mais adieu dans « toute l'étendue du mot. Tu es loin de moi ; je ne puis te « secourir si tu en as besoin. Je te recommande à Dieu, je « te donne à Lui. Qu'Il te soit en aide, qu'Il me remplace, « qu'Il te soit tout. Après cela, il ne me reste rien à te « souhaiter. Je t'embrasse *maternellement ;* sais-tu com-« bien c'est plus fort que *tendrement ?* »

Nous avons tenu à donner ces courts fragments de la correspondance maternelle; ils montreront une dernière fois à quelle école ferme et aimante ce jeune homme avait grandi sous le toit paternel, et s'il avait été ceint d'une cuirasse assez solide pour affronter résolûment la pleine mer. Mais pourquoi parler de la pleine mer à propos d'une existence qui ne connut ni écueils, ni tempêtes? Un si bon vent enflait sa voile ! et quels flots peut-on craindre quand on a choisi pour pilote Notre-Seigneur et sa Mère?

Il était déjà un jeune saint, quoi que pût lui dire sa mère; déjà il avait l'habitude de la communion fréquente, et il aimait tant la sainte Vierge! Ce fut en effet de très-bonne heure qu'il contracta pour le reste de sa vie la dévote coutume, encore en honneur chez tant de familles lyonnaises, de monter à Fourvières chaque samedi matin en toute saison et par tous les temps, pour y prier la bonne Mère de Lyon et communier sous son regard, sans préjudice de la communion des dimanches et des fêtes de la semaine. Il s'y montrait dès lors si fidèle, qu'au témoignage de l'ancienne domestique dont nous avons déjà invoqué les souvenirs, on le disait *fiancé à Notre-Dame de Fourvières*. Bien plus, la légende aurait subsisté jusqu'à son mariage, au point qu'une brave personne, en apprenant la nouvelle, aurait exprimé sa pensée par cette exclamation assez naïve et touchante : « Vraiment ? J'avais pensé que notre bonne Dame de là-haut suffirait à ce pieux jeune homme. »

Ainsi affectionné à Notre-Seigneur et à la sainte Vierge, pouvait-il se désintéresser des pauvres? Tout enfant il les aimait de tout son cœur et s'apitoyait sur leurs misères, en attendant qu'il pût les servir de ses mains. Aussi, dès que ses seize ans, en l'enlevant à la pension, l'eurent rendu un peu plus maître de lui-même, eut-il ses clients attitrés, principalement dans le quartier de la Croix-Rousse et sur le chemin de Fourvières, où il lui était plus facile de les visiter sans se trahir et sans perdre de temps, au retour de ses dévotions matinales. De vieux carnets retrouvés dans ses papiers attestent les soins minutieux qu'il prenait de ses pauvres. Il énumère les enfants, marque le nom de chacun, inscrit le détail des besoins les plus pressants et les petits cadeaux qu'il veut faire. Dieu seul a pu compter ce qu'il a fait de pas et monté d'étages à dater de ce moment, pour aller porter dans les obscurs réduits de l'indigence, avec l'aumône matérielle, l'aumône de son bienveillant sourire et de ses sympathies fortifiantes, l'aumône de la foi, de la douce espérance et du saint amour de Jésus.

Mais la charité, comme toute flamme, a besoin d'un foyer où elle s'alimente. Le Père Pierre Royer, d'abord Père de la Foi, puis Jésuite, qui a laissé parmi les catholiques de Lyon une mémoire si vénérée, avait formé dans cette ville, en 1802, au sortir des orages et des ruines de la Révolution, une société de jeunes gens et d'hommes mariés pour le secours des pauvres et toutes les œuvres de sanctification, de miséricorde et de zèle. Obligé d'en abandonner la direction alors qu'elle naissait à peine, il la retrouvait en 1832 après vingt-quatre ans d'absence, vivante, grandie, mais suivant fidèlement toutes les traditions de son berceau ; pleine d'ardeur, de foi, de charité, mais en même temps modeste, tranquille, unie comme une famille, ne faisant parler d'elle que pour faire bénir ses bienfaits à tous les cœurs foncièrement chrétiens ; ouverte à toutes les bonnes volontés, sans distinction d'âge, de nom, de fortune, d'opinion, sans autre signe de ralliement que la croix de Notre-Seigneur Jésus-Christ et le nom de sa sainte Mère.

On comprend que, dans une telle réunion, le concours d'un jeune chrétien tel que Prosper Dugas devait être non-seulement agréé, mais convoité. Dans son enfance, il est vrai, on ne lui avait guère montré le chemin des Religieux et de leurs œuvres ; on avait toujours cette vague crainte de voir se dresser autel contre autel, et disparaître du même coup l'esprit de clocher si légitime et si bon. Mais là encore, s'il avait eu à se convertir, la conversion était depuis longtemps bien faite. N'avait-il pas d'ailleurs plusieurs de ses amis déjà enrôlés sous la bannière ? Quand ceux-ci lui firent leurs ouvertures pour l'engager à apporter au trésor commun son expérience déjà acquise dans les œuvres, ses services, ses moments perdus, ils trouvèrent un candidat tout conquis d'avance, qui semblait attendre leur appel. Il avait alors vingt-quatre ans, et bien qu'il se dît et se crût en tout le serviteur inutile, il fut élu à plusieurs reprises président ou trésorier de la Société. Certes il y trouvait de quoi rassasier ce qu'il appelait ses ardeurs de néophyte. Il était toujours assidu aux réunions hebdomadaires ou mensuelles, où l'on venait prier ensemble, s'édifier mutuellement, exposer les besoins des pauvres, chercher les moyens de les tirer de l'abîme. Aux visites des indigents s'ajoutèrent bientôt des instructions à faire presque chaque dimanche à des réunions de jeunes gens de quinze à trente ans appartenant à la classe ouvrière. C'était son œuvre préférée. Il l'exerça dès 1836 dans la paroisse de Saint-Jean, plus tard dans celles de Saint-Paul et de Saint-Bernard. Ce serait à ses anciens auditeurs de nous dire avec quel dévouement et quel succès il s'y dépensait; car pour lui, il ne parlait jamais à personne de ces choses-là, et mettait à les cacher le soin que d'autres eussent mis à cacher une faute. Quelqu'un cependant nous l'a dit tout bas, et nos lecteurs s'en doutent, son jeune auditoire aimait sa parole simple, facile, pleine d'onction; on aimait plus encore l'homme lui-même, qui savait se mettre à la portée de tous, s'intéresser à chacun, et prendre tout droit le chemin des cœurs. Ces chères œuvres avaient le pas sur tout. Jamais on ne le vit sacrifier la moindre d'entre elles au plaisir même le plus légitime, à une convenance de famille ou d'affaires. Dans vingt ans, quand il sera père de famille, il se privera d'aller voir ses fils au collége, plutôt que de se montrer une seule fois infidèle à ses petits ouvriers de Saint-Bernard, qui sont bien aussi quelque peu ses enfants. Il n'avait point cependant toute sa liberté alors qu'il était en puissance paternelle, et plus d'une fois il dut user d'une certaine tactique pour ne pas manquer ses rendez-vous charitables du dimanche. Ce n'était assurément pas qu'on se méfiât de lui : on savait si bien qu'il ne pouvait s'absenter inutilement un jour de communion que pour le bon Dieu ou pour les pauvres ; on se demandait seulement (car à la Croix-Rousse on ne voyait rien au-dessus de la chère paroisse de Saint-Denys) quel pouvait être le but précis de ces disparitions mystérieuses, et quels attraits particuliers pourrait bien avoir cette dévotion vagabonde. C'est encore dans ces pratiques et ces réunions charitables que se formèrent ses plus étroites et ses plus durables liaisons. Evoquant un jour de vieux souvenirs, il peignait le charme de ces jeunes amitiés qu'il regardait comme « la grâce la plus signalée de sa vie, après la grâce du baptême et celle d'une famille et d'une éducation chrétiennes ».

Ces mots ne disent pas tout ; ils ne disent pas quelle place il occupait lui-même dans ce petit groupe d'élite. Son cœur heureusement l'a trahi. Quelques lettres d'amis qu'il avait gardées dans ses archives intimes, comme des témoins riants de ses belles années d'autrefois, nous ont révélé ici plus d'un secret. Il préludait dès lors à cette sorte de direction morale que nous le verrons plus tard exercer dans un cercle plus considérable et beaucoup plus étendu. On va à lui, comme à une âme mâle et en même temps miséricordieuse, on lui ouvre presque sa conscience, on lui fait part de ses peines et de ses faiblesses, même de ses chutes : on lui expose ses inquiétudes et ses doutes ; on lui demande le secours de ses prières, des encouragements et des conseils. Il répond à tout, consolant les uns, éclairant les autres, relevant les courages, faisant passer dans le cœur de ses amis le souffle sacré qui animait le sien. C'est si rare de trouver, hors des noviciats et des cloîtres, de ces lèvres assez généreuses pour accorder franchement à l'amitié, au lieu de louanges dont elle n'a que faire, les paroles bienfaisantes qu'elle réclame !

Mais lui-même qui se permet de prêcher ainsi les autres et de dissiper leurs nuages, il se plaint de ses obscurités et de ses défaillances, de son indifférence et de sa froideur dans la communion et l'oraison, de la sécheresse et de la stérilité de ses prières ; il lutte, il est tenté, il gémit d'être comme saint Paul sous les coups de l'ange de Satan. C'est à un ami un peu plus jeune que lui, récemment échappé du petit groupe inséparable pour se retirer au séminaire de Saint-Sulpice, qu'il aime surtout à faire ses confidences. Il voit déjà en lui le prêtre et l'organe de Dieu, et aussitôt s'établit entre le séminariste et le jeune négociant une correspondance qui respire la spiritualité la plus avancée et la plus vraie. Nous n'avons pas à juger lequel des deux connaissait le mieux cette langue. Voici du moins comment Prosper Dugas parlait :

« C'est donc la dernière fois, cher ami, que j'écris à un « simple diacre ; et désormais, si toutefois j'ose encore vous « écrire, la main qui brisera le sceau de mes lettres aura « touché le corps du Seigneur. La voix qui en murmurera « les accents sera assez puissante pour changer le pain et « le vin au Corps et au Sang de Jésus-Christ lui-même ! « Ah ! mon cher Edouard, quand je songe à la sublimité « du ministère auquel vous êtes appelé, au rang que vous « allez prendre maintenant dans la hiérarchie catholique, « je comprends tout ce qui doit se passer dans votre cœur, et « de quel poids votre néant vous accable. Une chose

« cependant doit vous relever et vous fortifier : c'est que « plus vil est l'instrument dont Dieu veut se servir, plus « il y a lieu de reconnaître l'ordre éternel de sa Providence; car enfin ce Dieu, dont vous allez devenir « l'apôtre, n'est-ce pas Celui qui tire les humbles de la « poussière, qui prend le mendiant sur son fumier pour « le sacrer prince de son peuple ? N'est-ce pas Celui qui « s'en fut choisir parmi les ignorants de la Judée les douze « premiers fondateurs de son Eglise, pour établir par eux « le scandale de la croix, et confondre les sages et les sa- « vants par ce qu'il semblait y avoir de plus vil et de plus « insensé? Moins donc vous avez de droit au sacerdoce, « plus vous devez reconnaître la vérité de votre vocation, « plus vous devez vous abandonner avec confiance et « amour à Celui qui n'a nul besoin de vous pour sa gloire, « mais qui veut cependant lui-même être *tout* et faire *tout* « en vous, parce qu'il sait bien que vous n'êtes *rien*, et qu'il « se mentirait à lui-même s'il voulait trouver en vous « autre chose que *rien*. Et puis, n'avez-vous pas pour « couvrir votre indignité Celle à laquelle vous vous « êtes voué, votre Patronne, votre Mère? Pouvez-vous « douter de l'appui de Celle qui déposa dans votre cœur « les premiers germes des saints désirs que Dieu va faire « éclore ?

« Courage donc, bon ami! nos prières ici ne vous man- « queront pas. Je ne cesserai de parler de vous aux âmes « pieuses qui nous connaissent, et nous tâcherons de nous « unir en plus grand nombre possible à la neuvaine que « vous terminerez le 21. Je m'y joindrai aussi, moi, tout « indigne que j'en suis, et si ce n'est pas pour vous ap- « porter ma part de mérites, ce sera du moins pour retirer « quelques fruits de cette communauté spirituelle, et pour « avoir droit à ces prières que vous nous promettez en « retour si abondantes. J'en ai tant besoin, de vos prières,

« Il y a une telle distance entre votre âme si unie à Dieu « et ma pauvre âme si charnelle et si matérielle ! Votre « dernière lettre cependant m'a redonné courage. Abandon « à Dieu *quand même*, dites-vous : ce *quand même* est « bien consolant, lorsque, loin d'avancer, on se trouve « avoir reculé dans la voie sainte, et que chaque jour, hélas ! « est marqué par de nouvelles faiblesses et de nouvelles « ingratitudes !! »

Bien entendu, le nouveau prêtre ne croit pas que l'honneur de son sacerdoce doive briser de telles causeries où son ministère a tout à gagner comme son cœur. Les causeries continuent et Prosper Dugas écrit le 30 décembre 1840 :

« Nous allons donc commencer une nouvelle année, « cher ami, et qu'est-ce que c'est qu'une année, sinon des « jours que Dieu nous donne pour réparer le passé, pour « nous sanctifier de plus en plus, pour croître en son « amour et en sa vie ? Que nous arrivera-t-il en ce 1841 ? « Nous n'en savons rien. Mais ce que nous savons bien, « c'est, comme le disait Mme Elisabeth dans son admirable « prière, qu'il ne nous arrivera rien que Dieu n'ait voulu, « réglé, ordonné de toute éternité ; c'est qu'à travers toutes « les catastrophes possibles, toutes les vicissitudes de succès « et de revers, de fortune et de ruine, de vie et de mort, au « milieu de cette mobilité incessante des choses humaines, « un seul but se poursuit de par Dieu, un seul, la sanctification des élus. Oh ! n'est-ce pas que cete pensée est bien « consolante, qu'elle est bien faite pour soutenir l'homme « dans le bonheur comme pour le préparer à l'adversité ? « Mais, encore une fois, dites-moi pourquoi j'en parle « comme un imbécile parle une langue inconnue sans en « connaître le sens, sans régler en conséquence mes pensées et mes actions ? Voyez donc combien j'ai besoin « du secours continu de vos prières.

« Que vous souhaiter à vous, cher ami, pour 1841 ? Ces « souhaits ridicules qui courent les rues par ces temps-ci ? « prospérité humaine, santé, vie? Quel cas votre sainte âme « fait-elle de tout cela ? Ce que je vous souhaiterai, ce que « nous devrions nous souhaiter les uns aux autres, chrétiens « que nous sommes, ce sera donc, n'est-ce pas, et la vie de « la foi, et l'amitié familière de Jésus et de Marie, et un « petit coin bien retiré dans leurs saints Cœurs, et cette « paix de Dieu *quæ exsuperat omnem sensum*, et la con- « clusion de tous les sermons, la vie éternelle, la jouis- « sance de Dieu face à face, sans trouble et sans mélange. « Je ne sais vraiment pas pourquoi entre chrétiens on se « gêne aujourd'hui comme on le fait pour se parler des « choses de l'autre vie. Il semble qu'ainsi que des païens, « nous n'ayons point d'autres espérances, point d'autres « désirs que ceux d'ici-bas. Disons donc tous les jours, « avec le sentiment de notre misère : *Domine, adauge* « *nobis fidem*.

« Nous avons eu avant Noël une retraite publique à « Saint-Pierre, donnée par le P. Debusson, Jésuite. Elle « a été malheureusement fort peu suivie, et a passé comme « inaperçue aux yeux du plus grand nombre, quoique ce- « pendant la sainteté du prédicateur, son éloquence mâle « et sans recherche ne laissassent rien à désirer. Espérons « que, malgré le petit nombre d'auditeurs, la semence « sacrée ne sera pas tombée en terre stérile.

« A Dieu, cher et vénérable ami ; puisse le doux Jésus, « en nous pressant tous deux encore plus contre son cœur, « cimenter de plus en plus notre commune amitié ! »

Mais voilà qu'un remords l'a pris, et il se hâte d'ajouter en post-scriptum :

« J'ai besoin, cher ami, en relisant ma lettre, de vous « donner quelques explications, et de vous dire que si je « tiens parfois avec vous le langage de la foi, vous vous

« tromperiez étrangement en me jugeant sur mes paroles.
« Je suis, malgré toutes les grâces que Dieu m'a faites,
« l'homme le plus terrestre, le plus charnel, dans toute la
« force du mot, qu'il est possible d'imaginer. Parlez donc,
« je vous en prie, parlez de moi à Dieu, comme vous faites
« pour le pécheur le plus endurci qui vous apporte en
« confession les fautes les plus grossières et les plus humi-
« liantes. »

Ainsi s'aimaient, se parlaient, se soutenaient ces jeunes gens de vingt-cinq à trente ans; car lors même qu'il n'y avait aucun prêtre mêlé à la conversation et au cercle, c'était au fond le même langage, c'était le même échange de pensées, la même sainte flamme pour le bien, la même sainte affection: Qu'elle était donc pure, humble et chrétienne cette génération d'élus! Comme elle était morte au monde et vivait d'une autre vie! Comme elle portait généreusement et gaîment le joug et le fardeau du Seigneur, devant Dieu et devant les hommes! De quel amour elle aimait l'Église, les intérêts de Jésus-Christ et de sa divine Mère! Avec quelle ardeur elle brûlait d'étendre le règne et l'esprit de Jésus-Christ! En vérité, n'était-elle pas d'un autre âge? Non, elle était, à peu d'années près, du siècle. 1830 avait heurté ses premiers pas à sa sortie de l'adolescence, et, en ce moment même, le souffle voltairien de ce régime l'enveloppait de toutes parts.

Depuis vingt-cinq ans surtout, la mort a fauché sans pitié dans ses rangs. Toutefois, Dieu merci, la moisson n'est pas achevée; et s'il était convenable et chrétien de louer les vivants, que de noms justement chers à celui dont nous écrivons la vie viendraient, comme de droit, traverser cette page! Pour ne parler que des morts, Prosper Dugas eut le bonheur de compter parmi ses plus précieuses amitiés celle de deux hommes dont la mémoire est restée, bien qu'à des titres et à des degrés très-divers, honorée et bénie. Nous ne nommerons que celles-là. Frédéric Ozanam avait trois ans de moins que Prosper Dugas. Où s'étaient-ils rencontrés pour la première fois? Ce n'étaient pas des camarades de collége, ni précisément des amis d'enfance. Ils étaient, du moins, fort jeunes et écoliers d'hier lorsqu'ils s'entrevirent et se connurent. La communauté de la foi et des bonnes œuvres rapprocha vite les âmes et changea la connaissance en affection. Ce fut une joie pour Prosper Dugas d'attirer un tel ami dans sa famille; et Ozanam, qui garda toujours si bien la mémoire du cœur, n'oublia jamais cette maison, dont il aimait le mélange de sévérité et de simplicité chrétiennes, et qu'il fréquentait, disait-il, pour y chercher des conseils et un appui.

Cet appui lui fut donné très-spontanément, et dans le principe presque à son insu, lorsqu'à la fin de 1838, la ville de Lyon sollicita du gouvernement la création d'une chaire de droit commercial, et songea à présenter au ministre comme premier titulaire son jeune et déjà brillant concitoyen. Etait-ce là, comme le pensait le Père Lacordaire, un piége malheureux tendu à la tendresse filiale et à un amour de la patrie trop désintéressé? Nous ne voulons pas trancher cette question; mais s'il y eut vraiment tentation, Laurent Dugas et son fils furent du nombre des tentateurs. Celui-ci avait été des premiers, avec quelques amis plus intimes d'Ozanam, à mettre en avant cette candidature; et son père, prenant aussi l'affaire à cœur, n'épargnait rien auprès de la chambre de commerce et du conseil municipal pour en assurer le succès. Il y avait à vaincre les objections de quelques notabilités méfiantes de l'ancien commerce lyonnais, qui trouvaient le candidat bien jeune (vingt-six ans!), bien inexpérimenté, habitué à voler trop haut pour pouvoir descendre dans les détails d'un code, surtout d'un code de commerce. Le vieux parti eut tort, et Ozanam ouvrit son cours, et il le fit avec la solidité d'un vieux docteur et la verve d'un jeune érudit.

Comme on le sait, il n'occupa sa chaire que pendant une année (1839-1840). Dieu l'appelait à de plus grands devoirs et à des combats plus féconds.

Les anciennes relations ne cessèrent pas pour cela, et au milieu de ses travaux les plus absorbants, Ozanam demeura persévéramment fidèle « à ses vieilles amitiés lyonnaises ». — « Rien ne me dédommage, écrivait-il à Prosper « Dugas, des affections vives et cordiales dont j'aurais été « environné parmi vous. L'absence, qui me les fait mieux « apprécier, m'y rattache d'autant plus, et vous jugerez « par là si vous m'avez rendu heureux en m'écrivant, en « me montrant ainsi que j'avais encore une place dans un « des cœurs où je tiens le plus à rester, parce qu'on y est « avec Dieu ».

Dans cette correspondance, qui s'étend de 1841 à 1853, années qui soulevèrent tant de grands problèmes de principes et de conduite, et divisèrent tant d'excellents esprits, la plupart des questions du jour trouvent leur place et leur appréciation. « Vous pouvez, mon cher ami, rendre trop « de services aux idées catholiques dans le cercle de votre « influence et de votre activité, écrit encore Ozanam, pour « n'avoir pas droit à toutes les communications, à l'aveu « de nos espérances et de nos craintes, à la connaissance « pour ainsi dire de nos affaires de famille. » C'est ainsi que le mouvement religieux, qui commençait à se manifester dans l'esprit public, les prédications de Notre-Dame, les admirables progrès de la Société de Saint-Vincent-de-Paul, la première fondation d'un cercle catholique, la question si capitale de la bonne presse, fournissent à Ozanam plus d'une page intéressante. Est-il besoin de dire que sur les espérances et les vues politiques l'accord n'était point complet ? Prosper Dugas, il est vrai, retenu par une défiance certainement exagérée de ses propres lumières, mettait quelquefois une très-grande réserve à défendre ses idées, surtout lorsqu'il se trouvait en face d'un esprit particulièrement distingué. Mais n'importe, en aucun temps, il ne vit dans la démocratie « le terme naturel du progrès politique et le but où Dieu voulait conduire le monde ». En aucun temps, il ne pensa que « l'*Ère nouvelle* était le meilleur des journaux catholiques et un instrument nécessaire à la défense de la religion ». Le drapeau sans croix et sans couleur des catholiques libéraux ne fut jamais son *Labarum*.

Ces divergences, au reste, n'allèrent point jusqu'à troubler l'harmonie des cœurs. « Les années s'écoulent sans « qu'on s'écrive, mandait Ozanam à son ami en 1849, et « cependant ces occupations excessives qui empêchent « d'écrire font précisément qu'on en aurait plus besoin que « jamais. Je n'ai jamais su me passer de mes amis; mais « leur souvenir m'est infiniment plus précieux depuis que « les révolutions séparent tant de gens qui s'étaient aimés. « Pour moi, en présence des formidables questions que la « Providence nous pose et des obscurités qui nous envi- « ronnent, je ne comprends pas que, pour avoir compris « et résolu différemment ces questions, on se refroidisse et « on se sépare... La vérité est que la divine Providence « ne nous a pas encore livré le secret de cette terrible « année 1848, que les meilleurs esprits peuvent s'y perdre, « et que le parti le plus sage entre chrétiens est de ne pas « se haïr pour des questions si controversables... Vous « comprenez combien il m'est doux qu'à Lyon, où j'ai tant « d'amis, où tant de personnes veulent bien me suivre d'un « regard affectueux, on sache que je ne perds point mon « temps, et que les agitations politiques, dans lesquelles « on m'a cru trop fourvoyé, ne m'ont pas arraché à l'objet « préféré de mes études, c'est-à-dire à tout ce qui peut « hâter l'alliance de la science et de la religion. Hélas! « cette réconciliation ne fut jamais plus nécessaire qu'au-

« jourd'hui, et la paix ne descendra dans les affaires qu'après « s'être rétablie dans les idées. Que d'irritations, que « d'implacables ressentiments autour de nous! Et quelles « tristes nouvelles de Rome aujourd'hui! Quel spectacle « que celui de la moitié d'une Assemblée nationale faisant « trophée d'un revers national et d'un échec de nos armes! « Ah! qu'il est temps que Dieu fasse la lumière dans ce « chaos! Veuillez croire, cher ami, que nous sommes tou- « jours en union de cœur, et dites-le bien à ceux qui ont « la bonté de se souvenir encore de moi. »

La dernière lettre que Frédéric Ozanam écrivit à M. Dugas est datée du petit village de l'Antignano, près Livourne. Il n'avait plus que quelques jours à souffrir. « Mon cher ami, voici bien longtemps que je n'ai donné « signe de vie à mes amis de Lyon, et cependant les « heures ne m'ont pas manqué pour penser à eux. Dieu, « qu'il faut toujours bénir, m'a fait des loisirs forcés en « me condamnant depuis un an à quitter ma maison, « mes occupations, mes habitudes. J'ai dû apprendre à « rompre la moitié des liens qui attachent l'homme à la « terre, et j'ai vécu errant, cherchant la santé, la deman- « dant aux eaux bienfaisantes des montagnes, à l'air de la « mer, au ciel de l'Italie. Plusieurs de ceux qui m'aiment « à Lyon, ou, pour mieux dire, tous m'ont accompagné de « leur sollicitude dans cet exil; vous vous êtes inquiété de « mes dangers, vous m'avez secouru de vos prières. Je le « dis avec foi, j'ai dû beaucoup aux prières de l'amitié, « aux saints sacrifices offerts par de saints prêtres. Je leur « attribue d'abord les consolations infinies que Dieu a bien « voulu mêler à mes amertumes. En même temps qu'il me « frappait à Pise d'une terrible rechute, il m'y entourait « des soins les plus tendres, il appelait autour de moi les « affections inattendues de plusieurs personnes pour qui « j'étais la veille un étranger, et qui au moment de l'af-

« fliction ne voyaient plus en moi qu'un frère. Enfin j'ai « lieu d'espérer que tant de vœux ont forcé le ciel, et que « je commence à me trouver sur la voie d'une guérison « longtemps improbable. La belle saison et l'air de la mer « m'ont fait beaucoup de bien. Cependant la décision des « médecins m'enchaîne encore aux lieux où j'ai éprouvé « les premiers symptômes du rétablissement. Je suis sûr « que vous refuseriez de me plaindre en voyant ces char- « mantes collines où je respire les brises de la Méditer- « ranée, environné de ma petite mais bien-aimée famille, « aux pieds de la Vierge de Montenero, qui veille, comme « à Fourvières, sur une grande ville catholique. Et pour- « tant, chers amis, je donnerais toutes les splendeurs de cet « horizon italien, tous les parfums de cette végétation du « Midi, tout le charme de cette belle langue que j'entends « parler avec tant de plaisir, je les donnerais pour rentrer « dans mon humble logis, pour revoir le ruisseau de ma « rue, l'escalier de mon troisième étage, les livres de ma « bibliothèque, à bien plus forte raison pour embrasser « mes amis de Lyon... »

Malgré les lueurs d'espérance qui traversaient encore la belle âme du mourant, ses amis de Lyon ne reçurent que sa dépouille. Ils auraient voulu la garder comme les reliques d'un des plus vénérés enfants de la cité; ils firent même des démarches pour obtenir l'inhumation dans le sanctuaire de Fourvières, où le défunt avait si souvent porté sa prière et son cœur. Dieu en disposa autrement. Il voulait que ses cendres allassent féconder le sol même où devait germer et fleurir un jour ce que le professeur chrétien avait si souvent rêvé : une science croyante et soumise. Elles reposent dans l'ancienne église du couvent des Carmes, pleine des plus douloureux souvenirs de notre révolution, et qui est aujourd'hui l'église de l'Université catholique de Paris.

Les Lyonnais prirent noblement leur revanche. Ce sont eux qui, les premiers, eurent la pensée d'élever à sa mémoire un monument meilleur que le marbre, en chargeant une main amie et presque fraternelle de rassembler ses écrits dispersés et de publier une édition complète de ses œuvres.

Prosper Dugas qui voyait dans cette entreprise non-seulement l'honneur d'une pure et chère mémoire, mais la gloire de Dieu intéressée, fut, avec un autre ami d'Ozanam, intime entre les intimes, M. Dufieux, un des plus ardents à recueillir les souscriptions et à faciliter la réussite du projet. Avec quel bonheur il lira plus tard ces beaux livres, et retrouvera dans leurs pages l'admirable chrétien qu'il a aimé !

Le second ami de Prosper Dugas, dont nous voudrions rappeler un instant le souvenir, a passé lui aussi en faisant le bien, et si la voix de la renommée littéraire n'a jamais prononcé son nom, les œuvres lyonnaises, toutes les grandes œuvres catholiques, le cœur des pauvres ne l'ont point oublié et aiment à le redire. Appelé à côtoyer constamment M Dugas dans la vie et à le précéder de peu d'années dans la tombe, il était regardé comme son émule pour la piété, la charité, la bonne influence, et dans bien des bouches leurs louanges se confondaient. Tous nos amis ont déjà nommé M. Louis Guérin. Ainsi qu'Ozanam, M. Guérin ne fut point camarade de collége de Prosper Dugas ; mais à peine ont-ils tous deux terminé leurs études, que déjà la communauté de leurs sentiments et de leur foi les ont intimement liés. En 1824, aux premières années de leur adolescence, nous les trouvons chaque semaine au moins : « tantôt, les jours « de pluie et de froid, dans la modeste chambrette de Louis « Guérin ; tantôt, et le plus souvent, sur une promenade « publique, qui, de création récente, offrait moins de « chance d'être dérangés », parlant de Dieu et des pauvres, ce qu'ils regardaient dès lors « comme leurs plus graves « occupations ».

Le même amour pour la sainte Vierge, le Pape, l'Église et la patrie, le même dévoûment à ces causes dans toutes les circonstances, continuèrent à les unir; et dans l'œuvre de Dieu, comme dans la vie du monde, ils ne furent jamais séparés.

Le chagrin que causa à M. Dugas la mort de Louis Guérin, et que nous trouvons exprimé dans sa correspondance, nous donne une idée de cette affection, basée sur l'estime et la vénération même qu'il avait pour lui. Voici ce qu'il écrivait à son fils, à Rome, lui annonçant cette perte immense : « Le grand événement de ces jours-ci a « été la mort de mon excellent et incomparable ami Louis « Guérin, qui a rendu son âme à Dieu à Serrezin le seize « courant. J'y étais allé le matin, et j'ai eu la consolation « de le voir et de l'embrasser, vivant encore, mais n'ayant « plus ni connaissance ni sentiment. Toute sa famille « était là en prières; on a voulu que je récitasse la recom- « mandation de l'âme, et je te laisse à penser quels souve- « nirs, quelle émotion cette scène a excités en moi!..... « J'ai écrit dans la *Décentralisation* quelques lignes sur lui, « qu'a reproduites l'*Univers* du 20; mais qu'il y en aurait « long à dire sur cette vie! Sa maladie et sa mort ont été « tout ce qu'on peut avoir d'édifiant. Constamment en « prières et la croix aux lèvres, il n'aspirait qu'à faire la « volonté de Dieu et à être réuni à lui. Jamais une plainte, « jamais un murmure. Oh! mon Dieu, si je pouvais « mourir comme cela! »

III

SON MARIAGE. — LA GAZETTE DE LYON.

L'année 1839 tenait en réserve à Prosper Dugas la juste récompense de sa fervente et chaste jeunesse. Nous voulons parler de son mariage.

La pensée d'une vocation plus haute lui apparut-elle jamais dans ses entretiens intimes avec Dieu ? Rien ne le fait supposer. Toujours est-il qu'il était trop fidèle à interroger le Saint-Esprit dans les décisions importantes et à écouter ses réponses, pour faire ici fausse route. C'est un signe de la miséricorde divine, qu'il y ait en tous temps, sous la livrée du siècle, de ces chrétiens accomplis, prêtres et apôtres à leur manière, dont le contact est, pour le monde au milieu duquel ils vivent mais dont ils ne sont pas, une lumière et un bienfait.

Ses parents tentèrent pour lui les premières démarches nécessaires, auxquelles il voulut, par esprit de foi, demeurer indifférent et étranger. La Providence fit le reste : elle le servit selon son cœur et ses mérites, au delà même de ses mérites s'il eût fallu l'en croire. « Quand je réfléchis, disait-il dans une lettre charmante à l'une de ses « futures belles-sœurs, qu'aux trésors précieux de vertus « que votre sœur m'apporte, je n'ai, hélas ! rien à ajouter « moi-même, vous l'avouerai-je, Madame, je suis tenté « de reculer et de demander à Dieu, puisqu'il en est temps

« encore, qu'il brise ce projet d'union où je n'arrive que « pour imposer des sacrifices en ma faveur. » — Non, le projet ne fut point brisé, et Prosper Dugas écrivait, le Samedi-Saint, 30 mars 1839, au jeune prêtre dont nous rencontrions dans le chapitre précédent l'amical souvenir: « La grande affaire de mon mariage est décidément fixée à « jeudi prochain; et à huit heures du matin, ce jour-là, « votre ami contractera devant Dieu un engagement so- « lennel qui va décider de son bonheur en ce monde, et « ce qui est plus, de sa sanctification, de son éternité, peut- « être. Au nom de l'amitié qui nous unit, au nom du « Cœur de Jésus-Christ qui en est la source et l'aliment, « permettez-moi donc, cher Edouard, de vous demander « pour ce jour un souvenir tout particulier. Dites à notre « divin Maître qu'il nous accorde, dans sa plénitude, « la grâce du septième Sacrement, qu'en multipliant les « liens qui m'attachent à la terre, il resserre aussi ceux qui « m'unissent à Lui, afin que son amour et l'accomplisse- « ment de sa volonté ne cessent d'être le principe et la fin « de toutes mes œuvres dans toutes les affections de mon « cœur. On a besoin, je vous assure, en pareille circons- « tance, de pouvoir se dire qu'on fait bien la volonté de « Dieu : autrement je ne sais ce que je deviendrais au mi- « lieu des préoccupations et des pensées nouvelles qui « m'assiégent. Mais notre Dieu est si bon, il vient de nous « donner sur la croix tant de marques d'amour, que je « compte sur Lui pour suppléer à ce qui me manque, « pour me donner, malgré mon peu de préparation, le fruit « des mystères de ces jours et la grâce de ma vocation « nouvelle.

« Adieu, mon cher ami; promettez-moi de m'aimer « toujours malgré la distance que le mariage va mettre « entre nous deux. Et pourquoi cesseriez-vous de m'aimer, « puisque le Cœur de Jésus ne cessera jamais, j'espère, d'être

« le centre commun qui réunira nos cœurs ? En union à « ce Cœur sacré et grâce à ses ineffables mérites, je ne crains « donc point, tout indigne que j'en suis, de me dire votre « ami *in æternum.* »

Celle qui allait désormais partager avec son nom toutes les joies, toutes les épreuves et toutes les affections de sa vie, et dont il estimait justement la vertu, n'avait pas encore dix-neuf ans. Orpheline et initiée à la douleur dès le bas âge, elle avait trouvé avec ses sœurs, au Sacré-Cœur de la Ferrandière d'où elle sortait à peine, tout ce qui peut compenser l'éducation et la tendresse maternelle, et elle ne connaissait guère du monde que la famille patriarcale de son respectable tuteur M. Jaillard, qui avait été pour elle un véritable père. Le genre de vie un peu triste qu'elle avait mené jusque-là, avait amassé et renfermé dans son cœur des trésors de tendresse et de confiance où elle s'apprêtait à puiser à pleines mains. Ce qu'elle savait du reste de la jeunesse exemplaire de celui qui l'avait demandée, lui inspirait déjà un sentiment qui tenait à la fois de l'admiration et de l'amour, et qui faisait grandir l'amour de tout ce qu'il y ajoutait d'estime et de respect. Il allait être tout pour elle : sa force, son modèle, son protecteur, son guide, son conseil de tous les instants, pour son salut presque autant que pour son bonheur. Appuyée sur son bras et sur son cœur, qu'aurait-elle à craindre ? M. et Madame Laurent Dugas l'aimaient déjà comme leur troisième fille, et elle commençait à se demander si elle était vraiment orpheline, et si les douleurs passées avaient payé trop cher le bonheur d'aujourd'hui.

D'un grand esprit de foi et désireuse de prendre toutes ses sûretés, elle voulut se préparer au grand acte qui allait changer sa vie, par huit jours de retraite à la Ferrandière, auprès de la vénérée supérieure, Madame Elise de Bouchaud. Une délicate attention de la Providence permit qu'au même moment passât à Lyon, pour s'y arrêter quelques jours, un frère de son père, missionnaire de la Compagnie de Jésus aux Etats-Unis. Cette visite inattendue fut pour tous une bénédiction et une joie.

Le mariage fut célébré le 4 avril dans l'église de Saint-Martin d'Ainay, et le lendemain matin, suivant un pieux usage, trop oublié maintenant, c'était la sainte Vierge de Fourvières qui recevait la première visite des époux. A côté de celle qui devenait sa compagne, P. Dugas trouvait toute une nombreuse famille heureuse de le conquérir et de l'aimer, et à qui il se réjouissait de son côté d'ouvrir largement son cœur.

De longues années, calmes et sereines, suivirent cette union. Chaque bienfait de la Providence, la naissance et le baptême de chacun des enfants, le plaisir de les aimer et de les voir grandir, la peine même de les élever, tout était un nouveau rayon de bonheur pour le foyer domestique, un lien de plus pour l'étroite intimité des âmes. A peine osons-nous appeler deuil la mort d'une petite enfant de six mois, enlevée en 1846 à l'affection de ses parents, la disparition de ces petits anges paraissant aux familles chrétiennes moins une perte qu'un gain, le gain d'une protection très-chère et très-sûre auprès de Dieu, et comme le premier anneau d'une chaîne jetée de la terre au paradis.

Quelques voyages furent les seuls épisodes un peu marquants dans le paisible cours de ces années heureuses : voyages dans le nord de l'Italie, en Angleterre et en Belgique ; au mois d'août 1850 à Wiesbaden, où M. et Mme Dugas eurent l'honneur d'être reçus par Monseigneur le Comte de Chambord.

Turin, Milan, Padoue, Venise, le lac Majeur et les îles Borromées, les lacs de Côme et de Garde, P. Dugas revit en douce société tous ces beaux pays qui avaient déjà charmé ses yeux et son cœur de jeune homme. Toutes ses joies se doublaient en se partageant. Il avait gardé pour Turin une secrète préférence. Il n'y trouvait ni le luxe et le grandiose de Milan, ni l'étrange séduction, les coquetteries sans rivales et les délicieux imprévus de Venise, ni tout ce que l'Italie possède de belle poésie et de beau soleil ; mais en revanche, je ne sais quoi de l'air honnête et salubre des Alpes et de la Savoie, plus de simplicité, plus de gravité dans les mœurs, des allures plus françaises, mille petits détails de société qui lui rappelaient le sol natal. C'était assez pour prendre son cœur.

« Turin, écrit-il en 1841, est aujourd'hui tel que je l'ai « toujours vu. C'est cette même ville monotone, si l'on « veut, par sa régularité, par ses rues trop larges, mais « qui me plait par l'allure *lyonnaise* de son peuple, par « le mélange sans façon du bourgeois, du prêtre, du soldat, « par les habitudes de foi qui font encore, grâce à Dieu « partie de l'esprit public. Le roi Charles-Albert que nous « avons vu hier, est toujours à mes yeux le premier roi de « l'Europe, profondément pieux, austère pour lui jus- « qu'au sac et au cilice ; toutes ses institutions, tous ses « règlements portent l'empreinte de l'esprit chrétien, sans « que ses pratiques religieuses le détournent de l'amé- « lioration matérielle de son peuple et des soins à donner « à l'industrie et au commerce. Quel dommage que cette na- « tion commence déjà à nous emprunter nos sarcasmes rail- « leurs et notre glaciale indifférence !... J'ai été ce matin « entendre la messe à la Consolata, qui est le Fourvières de « Turin, si toutefois il est par le monde quelque chose qui « vaille Fourvières pour un Lyonnais. On ne prie jamais « mieux pour les siens, ce semble, que quand on est « éloigné : il est si doux alors de penser que les distances « s'effacent et se confondent dans le cœur de Celui qu'on « prie ! »

Est-ce assez dire que les jouissances du voyage n'empêchaient point l'heure du retour de sonner à propos? Son foyer, ses pauvres, restaient sa véritable atmosphère. C'est qu'il ne lui était point arrivé ce qui arrive trop facilement à d'autres; les joies et les devoirs de la vie du cœur et de la famille, qui allaient si bien à ses goûts, ne l'avaient point détourné de ses œuvres. Au contraire, plus il avait à bénir Dieu, plus il voulait se dépenser pour Lui, et l'on peut dire qu'avec son mariage coïncide un accroissement d'ardeur pour le bien. Il avait compris dans le sens le plus généreux cette parole délicate qu'un de ses amis lui avait écrite en le félicitant de sa nouvelle position : « Tu sais maintenant que le mariage n'est qu'un élargissement du cœur, une dilatation de la charité. »

A vrai dire, il ne fut jamais ce qu'on appelle un homme public; mais nous savons à présent quelle place il s'était faite dans cette phalange choisie de jeunes Lyonnais, que nous avons vue grandir pour le bon combat, et qui s'apprêtait à servir de plus en plus, suivant les circonstances, tous les intérêts catholiques et sociaux engagés autour d'eux.

Ses traditions de famille l'attachaient naturellement au parti légitimiste. Lorsqu'avait éclaté la catastrophe de Juillet, M. Laurent Dugas se trouvait avec sa femme et ses filles aux eaux du Mont-Dore, et il avait laissé son fils de vingt ans seul maître à la Croix-Rousse et à la maison de commerce. En l'absence de son père dont la seule vue aurait tenu les rieurs en respect, les épigrammes ne furent pas épargnées au jeune homme par ceux de son entourage qui se glorifiaient d'appartenir au camp des victorieux. N'avait-on pas vu, il n'y avait pas si longtemps, cet exalté de dix-huit ou dix-neuf ans, tout mauvais cavalier qu'il était, galoper de longues heures sous une pluie battante pour faire escorte à la duchesse de Berry qui traversait Lyon, et, dans cette course effrénée, ne reprendre haleine que pour crier : « Vive Madame! » ou « Vive le Roi! » Contre ces sorties, Prosper fit bonne contenance, et l'on dit même que, pour bien montrer qu'il n'était pas prêt à baisser pavillon, il imagina, avec quelques ardents de son âge, d'afficher ses couleurs jusque sur ses vêtements, portant cravate blanche, ruban de montre fleurdelysé et sous-pieds tricolores. Bravade d'enfant, soit, mais les sentiments qui perçaient sous ces dehors frondeurs avaient de solides racines et ne se fanèrent pas en un jour. Autant, homme fait, il évita de faire parade de ses convictions politiques, autant il garda fraîches et intactes ses chères et vieilles espérances. Qui l'a vu et entendu en octobre 1873 en sait bien quelque chose, alors que la Lettre Royale, déchirant avec éclat le tissu d'intrigues ourdi contre l'honneur et le retour du Roi par les héritiers de 89 et de 1830, vint relever fièrement le drapeau de Jeanne d'Arc et de Henri IV. Sa conscience était soulagée, et son ancienne foi monarchique vengée.

Toutefois, à la date où il commença à prendre part aux œuvres générales, c'est-à-dire en 1843, aucune porte n'était ouverte à une restauration de la monarchie légitime, et l'heure était moins que jamais, pour les catholiques de France, d'entrer en discussion pour le triomphe ou la défense de leurs préférences politiques. Moins encore était-ce l'heure de se tenir à l'écart. Leur premier devoir était de marcher de concert contre les ennemis de Dieu et de son Église, alors très-agressifs et à peu près seuls maîtres de toutes les positions dominantes, de la tribune, de la presse, de l'enseignement. Ce n'était pas trop de tous les croyants sans distinction d'opinion pour venger la foi menacée. Bien loin de s'alarmer du concours des laïques et des journaux, les évêques animaient et guidaient les combattants; et, sous une forme moins retentissante, mais exprimant la même pensée, les échos de leurs belles lettres pastorales, comme ceux du Luxembourg, redisaient bien haut que « les fils des Croisés ne reculeraient pas devant les fils de Voltaire ».

Lyon avait trop de sang catholique dans ses veines pour rester en dehors de ce mouvement. Peu d'années avant, Edgard Quinet s'était cru obligé, en y prenant possession de sa chaire de littérature étrangère, de faire amende honorable aux croyances des citoyens dont il devenait l'hôte. Au mois de juin 1844, le comte de Montalembert, alors dans le plus pur éclat de sa renommée, et salué par tous comme le chef du parti catholique, avait trouvé dans cette ville le plus chaleureux accueil et une adhésion éclatante à ses efforts pour la sainte cause de l'Église. Le cardinal de Bonald, qui avait voulu recevoir l'illustre orateur dans son palais archiépiscopal, venait lui-même de se mettre courageusement à découvert, et prenait dans l'épiscopat français, en condamnant le livre de M. Dupin, la première place que lui valait déjà le siége primatial des Gaules.

Pendant l'année qui vit paraître la condamnation du *Manuel*, le P. Lacordaire prêchait le Carême à Lyon. Ainsi, au moment où le P. de Ravignan, terminant à Notre-Dame la station de 1845, adressait cet appel solennel à son auditoire : « Levez-vous donc, Messieurs, au milieu de nos « sociétés malades, et dites-leur votre force et votre bon« heur ! Qu'on vous rencontre, qu'on vous voie partout où « le mal a besoin de remède, le bien de consolation et « d'appui ! » à ce moment même, l'éloquent Dominicain faisait écho à cette grande parole dans la cathédrale de Saint-Jean. L'élite de la population lyonnaise accourait en foule

1. A la suite du passage de Montalembert à Lyon en juin 1844, les catholiques de cette ville firent frapper une médaille à son effigie avec cette légende : « Nous sommes les fils des Croisés, nous ne reculerons pas devant les fils de Voltaire ». Cette médaille fut remise dans le courant de février 1846 à M. de Montalembert, qui adressa de Paris à la commission des souscripteurs une lettre de remercîment en date du 24 février 1846.

à ses prédications; l'enthousiasme tenait du délire. Bien qu'on eût élevé dans la nef d'immenses tribunes pour augmenter le nombre des places, dès cinq heures du matin on assiégeait les portes de la métropole, sauf à payer par sept ou huit heures d'attente le court bonheur qu'on se promettait. Dans les salons, sur les places publiques, dans les correspondances, il n'était question que de ce prodigieux succès, et Ozanam écrivait de Paris à son ami Dugas : « Les mer-
« veilles du Père Lacordaire ne pouvaient point m'éton-
« ner; cependant ce que mes amis m'en racontent me ravit
« et j'en suis tout fier comme Lyonnais. »

Le souffle de cette parole ardente et si sympathique à la jeunesse fit éclore une œuvre dont le premier germe avait été déposé l'année d'avant au passage de Montalembert, et qui, pendant les quinze années qu'elle vécut, ne fut pas sans portée pour la gloire de Dieu et pour le service de la sainte Église et de la patrie. Nous avons nommé la *Gazette de Lyon*. Nous ne craignons pas de l'appeler une « œuvre » au sens chrétien de ce mot, parce qu'elle fut réellement telle dans la pensée de ses fondateurs, dans son but et même dans ses résultats. A la veille des débats qui allaient se livrer pour l'émancipation des ordres religieux et la conquête de la liberté d'enseignement, s'il était une force qui manquât encore aux catholiques et qui leur était indispensable pour vaincre, c'était à coup sûr celle de la presse. Lyon en particulier n'avait alors aucun organe qui satisfît les désirs légitimes du public chrétien. Préoccupés de ces pensées, quelques hommes de la ville, différents d'âge, de carrière et de position, mais tous animés d'un même dévoûment au bien, s'étaient réunis et concertés dans le cours de ce carême de 1845, sous la présidence du P. Lacordaire, chez M. Terret, de vénérée et aimable mémoire. Séance tenante, une liste de souscription fut disposée pour la fondation d'un journal catholique, et bientôt couverte de signatures.

Sur le terrain religieux l'accord était fait d'avance. Pour la nuance politique que représenterait le journal, la question était plus délicate. Après de sérieuses réflexions, et malgré des contradictions dignes de tout respect, partant des rangs les plus amis et sur lesquelles il était dur de passer outre, on convint de n'arborer aucun drapeau d'opposition systématique au pouvoir, et, sans professer ce qu'on a appelé depuis le scepticisme politique, de se faire avant tout les champions du parti le plus attaqué, le parti de Dieu, sous la seule bannière, déployée par l'*Univers*, de la liberté d'enseignement. C'était là une réserve provisoire, mais loyale, dictée par les circonstances; ce n'était point une défaillance ou un abandon, et nous savons de source certaine que celui qui avait éminemment autorité pour juger cette conduite, l'a plus approuvée que condamnée. Etait-il donc nécessaire de se montrer plus royaliste que le Roi? Tout fut conclu sous l'impression des fêtes de Pâques et le regard de Dieu, dans les sentiments les plus pieux et les plus désintéressés, avec la sincère intention de bien faire. Le 5 avril la *Gazette* paraissait.

Bien qu'il comptât parmi les *jeunes*, P. Dugas, qui avait été un des plus déterminés du groupe fondateur, fut nommé, à son corps défendant, président du comité de surveillance. En homme de conscience qu'il était, il prit sa fonction aussi sérieusement que le lui permettaient ses occupations quotidiennes. Il est vrai que sa modestie naturelle et le courant où se passait sa vie le laissèrent rarement écrire pour le public, bien que son style toujours facile, clair et concis, ne manquât souvent ni d'éclat ni de charme, comme le prouve assez ce qui reste de sa correspondance; mais il était d'une exactitude exemplaire aux réunions de chaque matin, où les principaux articles du jour étaient lus et discutés. Avec quelle joie saine et forte il se rappellera plus tard ces matinées laborieuses! Comme il l'a écrit

lui-même, parlant d'un de ses meilleurs amis du temps, simple employé dans une maison de commerce, mais littérateur plein de goût et charmant poëte à ses heures, M. A. Dufieux: « Si de légères divergences d'appréciation, insépa-
« rables de la mobilité de la politique et de la précipitation
« avec laquelle une feuille quotidienne est condamnée à
« formuler ses jugements, se produisirent quelquefois
« au sein de la réunion, jamais aucune rupture véritable
« ne vint troubler la confraternité cordiale de ses mem-
« bres. » Ce qu'il n'ajoute pas c'est que la franchise de son caractère, la charité de son langage qui tempérait toujours la fermeté de ses convictions, par suite la confiance affectueuse de ses collègues, lui donnaient, avec le droit de tout dire et de beaucoup oser, l'ascendant nécessaire au maintien de cet accord.

Nous manquerions à sa mémoire si nous prononcions ici une seule parole qui pût sembler amère : car il n'a jamais proféré un mot qui ne fût, comme était son cœur, généreux et doux.

On n'attend point que nous fassions à ce propos une histoire ou une apologie de la *Gazette*. Ce serait sortir de notre cadre que de mêler à cette vie simple et sereine les épisodes toujours plus ou moins bruyants et contestés d'une feuille publique; ce serait plus encore fausser la figure que nous voulons peindre, que de présenter comme un homme de prétentions politiques, celui qui n'aspira jamais qu'à demeurer homme de la vie privée, ouvrier inconnu de la bonne vigne.

Cette œuvre cependant a tenu dans ses préoccupations et ses pensées une trop large place pour que nous ne donnions pas ici quelques détails. En réalité, bien loin de lui devenir indifférente avec les années, les vicissitudes et les mécomptes, il lui resta dévoué comme tous ses fondateurs, et il ne cessa pas de l'aimer. Il l'aimait comme on aime une œuvre de ses jeunes et belles années qu'on a vue naître dans l'isolement, les délaissements, l'embarras, qui a fait ses premiers pas dans l'inexpérience, au milieu des contradictions, dans une perpétuelle incertitude du lendemain; mais qui a essayé de marcher quand même, ne demandant qu'à être éclairée dans les heures obscures, et à suivre invariablement la ligne droite en laissant le reste à Dieu. Est-ce à dire qu'il n'ait jamais déploré en elle aucun écart? Non certes; il savait assez que dans les temps de confusion et de lutte, bien rare et bien heureux est le journal, comme tout personnage public, qui peut se rencontrer sans erreur et sans péché. Bien des fois, sans attendre qu'on vînt du dehors jeter la pierre au coupable, il était le premier à reconnaître la faute, et il en gémissait plus que personne, d'autant plus qu'il lui arrivait de n'y pouvoir rien. Qui ne sait la triste condition du journalisme catholique de province? Souvent réduits, par défaut d'hommes et d'argent, à subir leurs rédacteurs au lieu de les choisir, les directeurs de ces feuilles ont la tristesse de voir leurs pensées déformées, exagérées ou amoindries, et la plume qui est à leur service leur susciter des adversaires dans le camp même des alliés. Nous ne savons que trop que ce fut une fois ou l'autre le cas de la *Gazette de Lyon*. C'était surtout dans ces moments, en face de cette impuissance, de ces malentendus, de ces déceptions, du redoublement de contradiction qui en était la suite, que P. Dugas se sentait troublé et incertain, et se demandait en son âme et conscience « si une telle œuvre « ne faisait pas plus de mal que de bien, et s'il ne valait « pas mieux y renoncer ».

Les encouragements cependant ne manquaient pas. A la veille des journées de Février 1848, l'illustre évêque de Langres, Mgr Parisis, écrivait aux membres du comité de surveillance une lettre des plus flatteuses, où, après quelques considérations sur le rôle de l'élément laïque dans les œuvres, et spécialement dans le journalisme, il formait les vœux les plus ardents pour leurs bons succès. Pour sa part, P. Dugas chercha toujours avec avidité la lumière à toutes les sources où il espérait la trouver, dans ces années orageuses de 1848, 49, 50 et 51, qui jetèrent parmi les catholiques tant de germes de division.

Quand vint le coup d'État du 2 décembre, la *Gazette*, malgré plus d'un conseil et d'un exemple, publia hardiment en tête du numéro du jour une protestation contre les événements de Paris, en appelant au jugement de l'avenir. Cette protestation surprit bien des gens qui ne se gênèrent pas pour la qualifier de puérile et de ridicule; l'étonnement n'égala pas le blâme. Mais depuis la chute du gouvernement de Juillet, la *Gazette* rendue plus libre avait cessé de garder une neutralité qu'elle voyait désormais inutile entre les partis, et, de plus en plus convaincue que le salut du pays ne pouvait venir que du retour à notre Royauté traditionnelle, elle en avait résolûment déployé le drapeau. Elle était ainsi rentrée en grâce auprès des légitimistes *purs*, comme on disait alors, qui ne lui avaient jamais pardonné sa double faute originelle, d'avoir consenti à naître sous les auspices d'un nom aussi peu monarchique et aussi sympathique aux parlementaires et aux libéraux que celui du P. Lacordaire, et d'avoir accepté un programme où la liberté religieuse primait tout et semblait effacer la question politique.

P. Dugas ne regretta-t-il jamais d'avoir apposé son nom en tête de la protestation contre le coup d'État? Nous admettrions volontiers que la délicatesse de sa conscience le fit plus d'une fois hésiter et douter, lorsqu'il vit que les intentions du nouveau pouvoir s'annonçaient comme bonnes, et qu'il était accepté par les évêques et par les hommes les plus éminents du parti catholique. Au fond son repentir, si repentir il y eut, ne fut ni très-profond ni très-durable. S'il applaudit de bon cœur aux actes louables de l'Empire, l'homme du moins ne lui inspira jamais confiance, et lorsqu'il le vit rompre avec l'Église, il en fut affligé mais non surpris. Ce qui le peina dans cette affaire, c'est que, comme on le pense bien, l'attitude prise par la *Gazette* en face du coup d'État fut l'occasion de plus d'un désaccord avec l'*Univers*, dont il aimait et admirait la loyauté, la vaillance, l'invincible dévouement à l'Église. Il tâchait alors d'être le modérateur et le pacificateur, et Louis Veuillot le savait si bien, qu'il avait recours à son intervention dès que la querelle s'envenimait. Jusqu'à l'année qui précéda la suppression des deux journaux, frappés à quelques mois de distance par la même main, les dissentiments percèrent de loin en loin, parfois non sans aigreur. La pauvre *Gazette*, est-il nécessaire de le dire, ayant à faire à plus fort qu'elle, ne se tirait pas toujours de la bataille avec les honneurs de la guerre, et pour ses petits coups d'épingle elle reçut plus d'un coup autrement écrasant. Hâtons-nous de l'ajouter, la polémique fut plus vive et plus acerbe précisément dans un de ces intervalles malheureux où la *Gazette* avait dans sa rédaction un homme qu'elle ne tolérait qu'à regret et qu'elle ne tarda pas à congédier. M. Veuillot lui-même a très-bien et très-délicatement expliqué la situation dans une note insérée à la suite d'un long débat entre l'*Univers* et la *Gazette* :

« En reproduisant cette polémique à cause des explica-
« tions qu'elle m'a conduit à donner sur la ligne politique de
« l'*Univers*, je ne dois pas négliger de rendre hommage aux
« sentiments généreux et vraiment catholiques qui animent
« les rédacteurs de la *Gazette de Lyon*. Malgré nos dissi-
« dences politiques, j'ai la joie et l'honneur de compter
« parmi eux de sincères amis. Mon adversaire dont ils se
« sont depuis séparés entièrement, était seul de son bord et
« de son humeur. »

Malgré sa place nécessairement prépondérante à la *Ga-*

zette, et dans toutes les œuvres publiques et plus éclatantes, P. Dugas ne voulut jamais se donner pour un chef de file, et, tout en agissant, il tâchait de se dérober le plus possible. Toutefois il avait beau faire, il ne réussissait pas à s'effacer complétement; malgré lui, et à sa grande surprise, sa notoriété s'étendait; et il arriva, presque à son insu, qu'il se trouva quelque temps en relations épistolaires avec les hommes les plus considérables du parti catholique ou royaliste, Montalembert, Falloux, Berryer. Mais, loin de s'en prévaloir, il laissa tomber cette correspondance, dès qu'il ne la jugea plus utile, surtout lorsque la scission entre les catholiques alla s'accusant de plus en plus, formant, au sein de la grande Église Catholique Romaine, une petite Église libérale. Il se contenta dès lors de suivre avec le plus vif intérêt et avec une sollicitude souvent inquiète les diverses phases de la vie publique de ces hommes dont il avait tant admiré les généreux efforts et les luttes glorieuses.

IV

L'ADORATION NOCTURNE. — L'IMMACULÉE-CONCEPTION. — FOURVIÈRES.

L'année même où se fonda la *Gazette de Lyon*, Prosper Dugas fit la connaissance et conquit l'amitié d'un admirable chrétien dont tout le monde sait le nom et l'histoire, le commandant Auguste Marceau. Sacrifiant son avenir, jusqu'à un certain point même son passé et la considération dont il jouissait dans la marine de guerre, Marceau venait de donner sa démission et de renoncer aux épaulettes de capitaine de corvette qu'il était à la veille de recevoir, pour se dévouer tout entier à la Société française de l'Océanie et prendre le commandement du navire de commerce qui s'apprêtait à porter aux chrétientés naissantes de ces plages lontaines des Missionnaires, des Sœurs, tous les meilleurs dons de la France catholique. En attendant le départ, il s'était fait mendiant pour les intérêts de l'œuvre. Tout naturellement la ville de la Propagation de la Foi devait tenter ses espérances. Bien qu'il ne connaisse pas encore P. Dugas, il lui écrit de Paris le 12 février 1845 pour l'informer de l'état des choses, et pour lui annoncer sa prochaine arrivée à Lyon :

« Je dois incessamment me rendre auprès de vous, mais à vrai dire je ne saurais fixer l'époque de mon départ de Paris. Je suis ici en instance auprès du Gouvernement, pour obtenir un secours en objets d'armement que l'on m'a fait espérer, mais que l'on est bien long à m'accorder officiellement. Je ne saurais avoir aucun doute sur les intentions pleines de bienveillance de M. de Mackau (ministre de la marine). Je crois également pouvoir compter sur l'assentiment du conseil des ministres qui doit prendre une décision à ce sujet. Néanmoins je ne saurais regarder la chose comme certaine, tant que l'avis officiel ne m'en aura pas été donné. Or non-seulement cet objet a une certaine importance comme valeur, puisque cela pourrait s'élever à la somme de quarante ou cinquante mille francs au moins; mais c'est surtout en raison de l'appui moral dont ce secours serait comme l'engagement, que je ne dois point quitter Paris avant que l'affaire soit résolue. Il est certain que dans notre pauvre France, bien que personne n'ait foi dans notre gouvernement, on a encore l'habitude de n'agir que par son impulsion, et la première question que l'on fait en entendant parler d'une entreprise est celle-ci : Qu'en pense le gouvernement? Quant à ma démission, il est exact que je l'ai donnée. Mais, depuis, le ministère a changé de manière de voir, et il paraît résolu à ne pas donner suite à cette démarche, mais à m'accorder le congé qu'il m'avait d'abord refusé. Je m'en remets à cet égard absolument à la volonté de Dieu. Leur décision aura surtout l'importance de montrer la manière dont ils envisagent la question. »

Puis il ajoutait avec son grand esprit de foi : « Je ne sais si je me trompe, mais j'ai grand espoir de voir la ville de Lyon nous donner par son approbation et son concours l'appui dont a besoin cette entreprise, que j'aime à supposer devoir être agréée de Dieu pour la gloire de qui elle a été conçue. Véritablement les difficultés que nous avons rencontrées sur notre route semblent permettre de compter sur nos succès dans l'avenir... Mais si ces succès ne se réalisent pas, nous n'en éprouverons pas le moindre dépit, heureux de penser qu'il n'en est ainsi que parce que Dieu n'a pas jugé cette œuvre utile à sa gloire... »

Hélas ! à Lyon comme ailleurs, ni les désapprobations, ni les rebuts, ni, ce qui est peut-être plus dur, les résistances de l'inertie ne devaient manquer à Marceau. Peu s'en fallut qu'à plus d'une porte où il frappa, le capitaine de frégate, hier si apprécié dans la marine royale, ne fût traité d'aventurier, de chevalier d'industrie et d'escroc. Pour P. Dugas, est-il besoin de dire qu'il accueillit Marceau les bras ouverts, comme il savait accueillir tous les amis de Dieu et les messagers de la bonne nouvelle qu'il avait le bonheur de recevoir sous son toit ? Nous ne prétendons point qu'il n'ait opposé aucune objection à son noble quêteur. Outre qu'il ne se faisait pas la moindre illusion sur les promesses du gouvernement, il se méfiait comme par instinct de toute œuvre religieuse où peuvent se mêler dans l'esprit de quelques coopérateurs certains calculs d'intérêt qui, en altérant la sainteté du but, risquent de compromettre le succès de l'entreprise. Néanmoins son âme, elle aussi, était trop avide d'étendre la gloire de Dieu pour ne pas comprendre la grande pensée de Marceau et ne pas lui prêter ses sympathies actives. Le meilleur témoignage de ce concours, ce sont les lettres que Marceau écrivait à son nouvel ami de Lyon à la veille de prendre la mer. Quatre ans après, au retour de son héroïque campagne, Marceau revenait à Lyon dans la maison-mère de la Société de Marie, qu'il avait déjà habitée avant son départ comme ami. Les fatigues du voyage, surtout les épreuves sans nombre et de tout genre dont il avait été abreuvé depuis quelques mois, l'avaient épuisé avant l'âge ; du moins elles avaient laissé son âme intacte, et sa sérénité vaillante sous le fardeau de la croix inspirait le respect et l'admiration à tous ceux qui voient dans le juste aux prises avec l'adversité un des plus beaux spectacles du monde moral. P. Dugas était de ceux-là.

Ces deux hommes bien différents par leurs qualités extérieures, si semblables par les vertus intimes, eurent encore plusieurs occasions de se revoir. Ce fut pendant cette dernière halte aux pieds de N.-D. de Fourvières que, sous l'impulsion de Marceau, quelques catholiques de la ville résolurent d'établir à Lyon l'œuvre de l'Adoration nocturne du T.-S. Sacrement qui venait de se fonder à Paris et dans quelques villes de l'Ouest. Le projet, soumis à S. E. le cardinal de Bonald, fut approuvé sur l'heure. Dès le lendemain une commission de quatre membres se réunissait, et après moins d'une semaine, un nombre suffisant d'adorateurs s'était trouvé au poste. La semence, paraît-il, était tombée en bonne terre, car on sait si elle a grandi et quels fruits de salut elle ne cesse de porter! Nul, à coup sûr, n'en profita mieux que P. Dugas : chef de section et ayant à cœur de prêcher d'exemple par son exactitude, il aurait tout laissé plutôt que de manquer, son tour venu, à sa nuit d'adoration. Jusqu'aux dernières semaines de sa vie, il ira régulièrement monter sa pieuse garde, sans ostentation comme sans respect humain, mais toujours comme à une fête et à la plus délicieuse des veillées. C'étaient ses heures d'approvisionnement, ses heures de lumière et de saintes joies, et les plus douces haltes de sa vie. Les nuits passées auprès du bon Maître expliquent bien des mystères, et tel de ses amis qui s'étonnait de le voir presque souriant sous les étreintes de l'épreuve, eût été moins étonné s'il avait su à quelles sources son âme allait puiser cette sérénité courageuse. « *Haurietis aquas in gaudio de fontibus Salvatoris.* » La promesse de l'Esprit-Saint se réalisait à la lettre pour lui.

Peu d'années après l'établissement de l'œuvre à Lyon, la Providence le mettait en rapports intimes avec celui qui en avait été le véritable fondateur, le R. P. Hermann [1], attiré par Jésus-Hostie avec une force si merveilleuse du judaïsme et de la vie du monde au saint désert du Carmel. Embrasé dès cette heure d'un amour ardent pour l'auguste mystère, le nouveau fils de sainte Thérèse, Frère Augustin-Marie du T.-S. Sacrement (c'était son nom de religieux), n'aspirait qu'à répandre partout le feu divin qui le dévorait. Il prenait la résolution qu'il a tenue, croyons-nous, de parler de la sainte Eucharistie chaque fois qu'il prêcherait, et les conversations n'avaient plus de charme pour lui s'il ne pouvait y mêler le souvenir du Tabernacle. P. Dugas fut un des hommes avec qui il se trouvait à l'aise pour parler de sa sainte passion. Ils se virent souvent, surtout dans les années où le P. Hermann fut retenu à Lyon par les devoirs de sa charge de Prieur de la maison des Carmes. Leur correspondance, qui comprend un espace de seize à dix-sept ans, et dont nous avons retrouvé plusieurs lettres détachées, montre bien que ces deux âmes nageaient dans les mêmes eaux et se réchauffaient au même foyer.

La dévotion à la sainte Vierge est aussi inséparable de la vie du chrétien que la dévotion à la sainte Eucharistie. Nous avons vu déjà que dès sa jeunesse, presque dès son enfance, P. Dugas savait cela pratiquement. Mais pouvait-il s'attendre alors aux triomphes qui étaient réservés à la sainte Mère du Ciel, par conséquent aux joies qui allaient inonder son cœur ?

A peine élevé sur la chaire de Saint Pierre, Pie IX avait hautement manifesté l'intention de sanctionner, par une définition dogmatique, la croyance universelle de l'Église à

1. Le R. P. Hermann a été emporté prématurément, en quelques jours, pendant la guerre de 1870, à Spa, par la petite-vérole qu'il avait contractée en soignant nos soldats dans les ambulances prussiennes. Digne couronnement d'une vie toute d'expiation et de sacrifice!

l'Immaculée-Conception. L'immense majorité de la population lyonnaise, fidèle à la foi de ses pères, avait accueilli la bienheureuse nouvelle par d'unanimes transports.

Le 8 décembre 1852 était le jour fixé pour l'inauguration de la statue colossale de la Sainte Vierge qui allait désormais couronner le nouveau clocher de Fourvières. Le soir de ce jour mémorable, devançant de deux ans l'acte pontifical et l'enthousiasme général qui devait l'acclamer, la cité entière, presque sans un mot d'ordre donné, s'illuminait comme par enchantement, et Ozanam, à la veille de mourir, trouvait encore la force d'écrire à son ami, de sa main défaillante :

« Que Lyon reste digne de cette protection qui s'étend de Fourvières comme un seul manteau sur une même famille et dont vous exprimiez dernièrement votre reconnaissance avec tant de chaleur et tant d'éclat. Les feux du 8 décembre n'ont pas seulement illuminé notre ville : ils ont attiré sur elle l'attention de toute l'Europe, et il n'est rien que les chrétiens n'attendent de vous. »

Celui à qui il parlait ainsi méritait en effet sa part de ces religieuses et patriotiques félicitations. Appelé dès le début dans la commission établie en 1850 par le cardinal de Bonald pour promouvoir tous les intérêts de Fourvières, il avait été du nombre des imprudents qui osaient croire, malgré les objections des sages, au succès de cette manifestation improvisée, et qui n'avaient rien épargné pour la faire réussir. Qui avait eu raison des imprudents ou des sages ? Non-seulement la manifestation d'un jour avait dépassé les espérances, mais elle allait devenir comme une institution régulière et périodique. Depuis vingt-cinq ans la solennité du 8 décembre à Lyon n'a été privée qu'une fois (mais c'était en 1870) de ses feux traditionnels, et chaque année va grandissant, avec la splendeur de la fête, l'entrain religieux et l'affluence paisible et presque recueillie de la foule qui contemple le spectacle.

Avec quelle joie P. Dugas aimait à saluer chaque retour de cet anniversaire béni ! Toutes ses lettres intimes écrites à cette date respirent un enthousiasme filial. Une seule fois dans l'espace de vingt-trois ans, il ne vit pas de ses yeux sa chère illumination. C'était le 8 décembre 1854; il était à une fête plus belle encore : il assistait, à Rome, à la proclamation du dogme. C'était son premier pèlerinage dans la Ville sainte. Dieu sait si cet homme de désirs avait appelé de ses vœux cette gâterie du bon Dieu ! Il partit le cœur dilaté, et l'action de grâces sur les lèvres. La compagnie ajoutait beaucoup à sa joie. Outre quelques Lyonnais de sa trempe, il trouvait à Marseille, à bord de l'*Oronte* qui allait le porter à Civita Vecchia, Mgr de Morlhon, évêque du Puy, accompagné de quelques-uns de ses prêtres et de plusieurs familles de son diocèse. Le bateau fit relâche à Gènes et à Livourne. A Livourne, un coup de vent violent empêcha de reprendre la mer à l'heure dite ; mais le temps ne fut pas perdu, et voici ce qu'il écrivait à la date du 2 décembre :

« Notre soirée d'hier a été marquée par un épisode qui « n'a pas été le moins touchant du voyage et qui m'a fait « verser de grosses larmes de joie. Pourquoi ne pas le dire ? « Nous avons été, nous Lyonnais, les promoteurs de la « fête, n'obéissant en cela qu'à une inspiration de notre « bonne Mère. L'idée de chanter en plein air les louanges « de Marie nous était venue tout naturellement. Cependant « à la première ouverture que nous en fîmes autour de « nous, presque tout le monde se récusa en balbutiant. Ce « ne fut pas sans peine que nous parvînmes à recruter un « premier groupe de dix gosiers pour donner le branle. « Mais ce n'était qu'un malentendu, et les premiers versets « de l'*Inviolata* eurent à peine retenti, que nous vîmes

« accourir des renforts de tous les côtés. Notre groupe de « dix se décupla. On chantait à s'égosiller. C'était une « ivresse générale. L'*Inviolata* terminé, on demanda les « *Litanies* de la Sainte Vierge. Arrivés au verset *Regina* « *sine labe concepta,* toutes les têtes se découvrirent, les « chapeaux s'agitèrent et le verset d'heureux augure fut « répété trois fois avec des trépignements d'enthousiasme. « L'*Ave Maris stella* fut essayé, mais abandonné faute aux « chanteurs de pouvoir s'entendre sur le rythme. Nous « craignions donc d'être au bout de notre répertoire, quand « nous voyons accourir un de nos jeunes compagnons qui « se hisse, un falot à la main, sur un tas de cordages, tire « de sa poche un livre de Cantiques, et se met à entonner « successivement tout ce que son recueil lui fournit d'airs « populaires en l'honneur de Marie. Les refrains sont ré- « pétés par toute l'assistance. Les dames veulent aussi « être de la fête, et organisent un chœur auquel les voix « d'hommes répondent. Enfin pendant deux heures, les « échos de Livourne ne cessèrent de retentir de nos chants « et du doux nom de Marie, au grand ébahissement des « curieux qu'attiraient sur la plage les accents de ce sin- « gulier concert. Ce fut encore l'un de nous qui, pour termi- « ner la soirée, eut l'heureuse pensée de demander à Mgr « du Puy de nous réciter sur le pont la prière du soir. « Toute l'assistance s'agenouilla pour s'unir à la prière et « recevoir la bénédiction du saint prélat qui laissa tomber « de son cœur quelques paroles pleines d'attendrissement « sur les scènes dont il venait d'être et l'acteur et le témoin. « Quant à nous, notre émotion était à son comble, et cette « soirée restera comme un de mes plus doux souvenirs..... »

Ce fut le 4 décembre qu'il posa le pied pour la première fois sur ce sol béni de Rome, qui allait devenir la meilleure patrie de son âme et qu'il devait fouler encore tant de fois.

Tous les cœurs rayonnaient de l'allégresse douce de l'attente; les plus humbles églises comme les majestueuses basiliques se paraient à l'envi, les prières publiques se multipliaient; toutes les reliques, tous les trésors étaient exposés dans les sanctuaires et y attiraient la foule.

M. Dugas n'attachait pas assez d'importance à ce qui ne concernait que lui, pour rédiger régulièrement un journal de voyage. Mais ses communications avec sa famille et quelques notes qu'il prit sur les souvenirs qui l'avaient le plus ému, nous permettent de le suivre. Laissant de côté ses impressions générales sur la Ville éternelle que devinent tous ceux qui les ont ressenties, nous citerons seulement ce qui a trait aux circonstances particulières de son pèlerinage :

« Un bonheur inespéré nous attendait l'avant-veille de « la fête. Le Saint-Père devait dire une messe basse à Saint-« Pierre dans la chapelle du Saint-Sacrement pour les « membres des confréries de Saint-Vincent-de-Paul et les « pèlerins. Pendant toute la journée du 5, les confession-« naux du Gesù furent littéralement assiégés. Nous nous « hâtâmes, nous aussi, de faire connaissance avec cette véné-« rable maison, où le T. R. P. Beckx, les RR. PP. Rubillon « et de Villefort nous firent le plus bienveillant accueil. « Le 6, à sept heures du matin, nous pénétrions non sans « peine dans la chapelle réservée. Cinq cents hommes en-« viron de tout rang et de toute nation, prêtres, laïques, « soldats, s'y trouvaient réunis. Nous eûmes le bonheur « de pouvoir nous glisser jusqu'à la Table de communion, « à droite de l'autel, et si près du Saint-Père que pas un de « ses traits, pas un mouvement de ses lèvres ne nous échap-« pait. C'est exactement le Pape tel que ses portraits le dé-« peignent, plus fort cependant, et moins âgé que je ne « me l'étais figuré. Quelle douceur! quelle expression de « bonté et de sérénité! Oh! quels sentiments nous éprou-« vâmes, quand, au *Memento* des vivants, nous vîmes Sa

« Sainteté joindre les mains, incliner la tête, et rester cinq « minutes durant, immobile et comme en extase. Quelque « chose nous disait que notre patrie, notre cité, nos œu- « vres, nos familles passaient en ce moment devant ses « yeux avec l'universalité de l'Église, et il nous semblait « voir Marie porter elle-même au trône de Dieu le *Me-* « *mento* du vicaire de son Fils. La communion à laquelle « toute l'assistance prit part, dura près d'une heure. Une « messe d'action de grâces fut dite ensuite par le cardinal « Primat de Hongrie, et le Saint Père se retira comme il « était entré, avec le cérémonial le plus modeste, le sourire « sur les lèvres, les allures simples, je dirais presque sans « façon, comme un père au milieu de ses enfants. »

Vint enfin le grand jour. P. Dugas n'eut garde d'oublier la *Gazette* en pareille occasion : il lui envoya un récit de l'auguste cérémonie. Nous n'en citerons rien ; ses transports éclatent plus à leur aise dans ses lettres à sa famille et ses notes privées :

« Quel moment, ô mon Dieu, que celui où, debout sur « le trône de saint Pierre, le front radieux, la voix et les « yeux pleins de larmes, en face de deux cent quatre évê- « ques, archevêques, patriarches, cardinaux de toutes les « nations et de tous les rites, haletants d'une sainte impa- « tience, sous les yeux de cinquante mille fidèles qui se « pressaient silencieux et immobiles dans la gigantesque « basilique, le saint Pontife proclamait comme un dogme « de foi le glorieux privilége de Notre Mère ! Que de lar- « mes d'attendrissement et de reconnaissance mouillèrent « alors le parvis sacré ! Ce que tant de rois et de prophètes « eussent désiré voir, ce qui devait faire tressaillir d'allé- « gresse, d'un bout du monde à l'autre, l'Église catholique « tout entière, il m'était donné de le contempler, de le sa- « vourer, moi, l'une des dernières brebis du troupeau de « Jésus-Christ ! Oh non ! Marie, quelles que puissent être

« les vicissitudes de ma carrière, vous ne permettrez pas « que cette heure bénie s'efface jamais de ma mémoire! « Vous voudrez qu'elle soit la joie de mon exil, la consola- « tion de mes peines, et ma plus douce espérance à mon « dernier soupir! »

L'heureux pèlerin avait déjà vu deux fois de très-près le Saint-Père; il le revit une troisième fois à la consécration solennelle de Saint-Paul hors les murs. Mais il n'était point rassasié. Restait à obtenir une audience. « Alors, écrivait-il, je pourrai chanter mon *Nunc dimittis.* » Ses vœux furent plus que comblés. Malgré l'affluence des évêques et la surcharge d'affaires qui en résultait, le lundi 11, il fut reçu en audience particulière.

« C'en est fait, écrivait-il à Madame Dugas, Dieu vient « de mettre le couronnement à ses grâces. Je sors de l'au- « dience du Saint-Père, que j'ai vu seul à seul, dans son ca- « binet de travail et qui a daigné m'octroyer pour moi et « pour vous tous, des faveurs bien précieuses dont je vous « entretiendrai bientôt. Quel doux sourire, quelle exquise « aménité! Il ne fallait rien moins que cela pour me re- « mettre de mon émotion, tant le cœur me battait. Mon « pèlerinage est donc maintenant consommé, il ne manque « plus à ma joie que de vous retrouver tous..... Dieu merci, « ni les merveilles que j'ai vues, ni les visites illustres qui « m'arrivent, ni les grandeurs que j'ai coudoyées, ne me « font oublier mon coin du feu et la petite maîtresse de ma « maison et de mon cœur que j'aurai tant de bonheur à « revoir et à serrer dans mes bras. »

Ainsi qu'il l'écrivait aussi, il avait hâte de rapporter ses félicitations à Notre-Dame de Fourvières. Le 14 décembre, il fit ses adieux à Rome en entendant la messe du R. P. général des Jésuites dans la chambre de saint Ignace. Comme fruit propre de ce grand voyage, il rapportait l'accroissement de ce double amour enraciné depuis longtemps dans son cœur, l'amour de la Vierge immaculée, et l'amour de Rome.

De l'amour de Rome nous aurons à reparler. Pour l'amour de Marie, les occasions de le pratiquer ne lui manqueront pas. La commission de Fourvières instituée en 1850 par l'autorité diocésaine, et dont il fut tour à tour président et trésorier, était loin d'avoir fini sa tâche. Les illuminations du 8 décembre étaient désormais entrées dans les mœurs de la cité, c'était très-bien ; mais était-ce tout ? La reconnaissance des Lyonnais se contenterait-elle indéfiniment du modeste sanctuaire légué par les siècles passés, et ne viendrait-il pas un moment où les souvenirs de la vieille petite chapelle perdant de leur prix avec le temps, il faudrait songer à ériger un monument plus digne tout ensemble et du culte populaire de la Mère de Dieu, et de l'antique métropole des Gaules ? Avant tout, n'était-il pas à craindre que la spéculation ne vînt à s'emparer du versant de la colline qui fait face à la ville pour le couvrir d'un amas de constructions banales s'étageant jusqu'au sommet, ou, ce qui serait pire encore, d'établissements ouverts aux divertissements publics ? C'en serait fait de cet air de paix, de silence, de sérénité, qui est l'air naturel de tout pèlerinage; et au lieu de trouver leur Mère là où elle se plaît à habiter, comme l'Épouse du Cantique des Cantiques, au milieu des jardins, les fidèles devraient aller la chercher à travers les mille bruits de l'industrie, dans une atmosphère de tumulte, peut-être de scandale. Telle fut donc pendant de longues années l'œuvre principale et presque unique de la commission de Fourvières : s'assurer les terrains que pouvait convoiter la spéculation profane, en faire le domaine propre et réservé de la Sainte Vierge, le parer et l'embellir de décorations pieuses qui seraient comme autant de titres attestant à tous les yeux et à tous les cœurs la propriété de Marie. C'était une tâche peut-être obscure, ingrate, bien secondaire en apparence mais qu'il sut chérir comme le plus doux des devoirs. Ce qu'il fut au sein de cette commission, quel rôle il y joua, quel souvenir il y a laissé, quelques paroles tombées de la plume et du cœur du président actuel (1877), M. Alphonse de Boissieu, le diront mieux que tout ce que nous pourrions raconter. Après avoir parlé de la mort de Monseigneur Ginoulhiac survenue presque en même temps, il ajoute :

« Nous avons à peine besoin d'indiquer celui qui mé« rite à tant de titres d'être associé à ces regrets : toutes « les œuvres de Lyon ont déjà nommé leur plus fidèle « soutien, M. Prosper Dugas. La nôtre lui doit un tribut « particulier de larmes et de reconnaissance. Dès l'origine, « il fit partie de la commission qui prépara les voies à « l'œuvre actuelle, en se rendant acquéreur des clos sur « lesquels s'étend aujourd'hui le domaine de Notre-Dame « de Fourvières. Président de notre réunion pendant bien « des années, il nous apportait avec ses conseils aussi mo« destes que sûrs, le concours de son inépuisable générosité. « En présence de sa foi et de sa confiance, le doute dans le « succès de la grande fondation que nous poursuivions « ensemble n'était pas permis. Il trouvait dans ses fréquentes « et matinales visites à notre chapelle bien-aimée, le prin« cipe et l'aliment de cette égalité d'âme, de ce dévouement « absolu au bien et de cette fraîcheur d'amitié sur lesquels « les épreuves et les événements n'avaient aucune prise. On « a dit de ce bienveillant et sympathique collègue que la « vertu lui était facile, tant elle lui était naturelle. Dieu « seul sait le secret de cette sérénité communicative qu'il « lui avait départie. Mais, si pour le récompenser d'une « fidélité qui n'est jamais démentie, il lui avait en effet rendu « la vertu facile, c'était pour montrer à tous combien elle « est aimable. »

V

MORT DE SON PÈRE ET DE SA MÈRE. — EXTRAITS DE SA CORRESPONDANCE.

Les années paisibles et heureuses touchaient à leur terme. Dieu ne les prodigue pas à ceux qu'il aime. Pour le chrétien, ce n'est jamais que le temps de la provision et de l'équipement; tôt ou tard la croix viendra visiter sa vie.

Prosper Dugas avait commencé bien jeune, nous l'avons vu, à faire connaissance avec la mort et les larmes. Il fallait que l'homme fait achevât de passer par ce creuset et de connaitre ce mystère. Déjà au mois d'août 1851, la dernière de ses sœurs, Noémi, jeune épouse et jeune mère, dont quelques lettres écrites dans sa petite enfance nous attestent encore le charmant esprit et le cœur délicat, avait succombé aux suites d'une longue et douloureuse maladie dans la maison de campagne de la famille. Il y eut cependant ensuite un répit de quelques années, lorsqu'en 1857 son père et sa mère lui furent enlevés presque coup sur coup.

Depuis 1849 M. Laurent Dugas avait quitté les affaires et vivait retiré au milieu des siens. Mais le travail et la bienfaisance étaient tellement devenus pour lui une seconde nature, qu'il s'était trouvé incapable de changer totalement sa vie. La porte de sa maison demeurait ouverte comme son cœur, et tout ce qui était en quête de pain, d'ouvrage ou de conseils venait à tout instant l'aider à parfaire la mesure de ses mérites et de ses jours. Malgré ses soixante-seize ans sonnés et son apparence assez frêle, sa vieillesse était restée verte et sereine. Il ne fut sérieusement malade que quinze jours. Bien vite il comprit que c'était l'heure du départ, et il se tint prêt. Il demanda lui-même les derniers sacrements, et les reçut avec le calme et la fermeté du juste. Peu d'instants avant de mourir, c'était le dimanche de la très-sainte Trinité 17 juin, il multipliait ses signes de croix, et comme sa main n'avait plus la force de se soulever, ses lèvres répétaient encore : Gloire au Père, au Fils et au Saint-Esprit. Ce furent ses dernières paroles. Son fils était là pour lui fermer les yeux ; il n'avait pas quitté le lit de douleur. Il apprenait comment on meurt sans crainte en bénissant Dieu, quand on a vécu sans reproche.

La presse catholique de Lyon se fit l'écho des sympathies et des regrets unanimes qu'inspirait cette perte, et ses funérailles, célébrées à la campagne dans la petite église de Saint-Joseph de la Demi-Lune que sa générosité avait aidé à construire et à décorer, furent, avec les bénédictions des pauvres, le plus significatif hommage qui pût être rendu à sa mémoire. Tous les corps auxquels il avait appartenu, toutes les œuvres qui avaient eu part à ses bienfaits étaient représentés autour de son cercueil et l'accompagnèrent de leurs larmes. Démentant les accusations d'ingratitude, dont on charge quelquefois trop gratuitement les classes ouvrières, la Croix-Rousse n'oublia pas qu'elle était au premier rang parmi les obligés du défunt et tint à cœur de se montrer fidèle même après la mort. Bien que M. Dugas eût cessé d'habiter ce quartier depuis plus de dix ans, une délégation du conseil municipal suivit le convoi jusqu'au cimetière. Là, sur le bord de la tombe, le président de la chambre de commerce, M. Brosset, se fit l'interprète de la douleur générale en rappelant en quelques paroles émues les vertus, les mérites et les services de son prédécesseur.

Dieu ne laissa pas longtemps séparé ce qu'il avait uni. Déjà au printemps précédent, avant la mort de son mari, Madame Dugas avait ressenti la première atteinte d'une affection au cœur. Certes, elle avait survécu à assez de deuils, et il était temps qu'elle rejoignît dans la demeure du Père Céleste tant d'êtres aimés qui l'y avaient précédée. Elle traina quelques mois encore, et le 9 décembre elle s'éteignait, restant jusqu'à la fin simple et ferme comme elle avait vécu.

Ce double coup était rude pour un fils qui avait toujours vécu près de ses parents et qui avait si bien su les aimer. Mais ceux mêmes qu'il perdait, lui avaient appris dès son enfance à ne jamais se plaindre de Dieu et des épines que sa main paternelle peut laisser tomber sur la route. Dès le lendemain des obsèques de son père, P. Dugas avait repris ses occupations accoutumées, plus prêt que jamais à réaliser le veu ardent de sa mère, en se montrant le digne héritier des traditions de vertu et d'estime publique que venait de lui léguer le vénéré défunt.

Ce n'était au reste que le prélude de séparations encore plus déchirantes pour la nature. En moins de dix ans, il aura passé par toutes les étapes de la douleur humaine. Dieu le tâtait, pour ainsi dire : il dut le trouver mûr. Aux forts les grandes et fortes épreuves, afin que leur exemple apprenne aux autres quelle vertu est dans la croix chrétiennement acceptée.

En attendant les suprêmes sacrifices, il fit, dans l'été de 1858, une nouvelle perte très-sensible à son cœur. L'une de ses nièces était emportée à vingt ans par une fièvre typhoïde, en moins de six jours de maladie. Elle était l'aînée de la jeune génération, l'âme et le modèle de tout ce petit monde, pour tous la grande sœur, l'ange gardien visible et la sainte. Il fallait la voir à l'œuvre lorsque le mois de décembre venait réunir les deux familles à Lyon sous le même toit dans ce qu'elle appelait « la ruche ou la colonie d'hiver », maison alors vivante et heureuse s'il en fut jamais. En même temps que la seule vue de son visage répandait la sérénité autour d'elle, son esprit large et élevé, son caractère facile, son oubli d'elle-même, son attention et son dévouement aux autres, lui donnaient une autorité douce à laquelle les plus turbulents de la bande se seraient gardés de manquer. A la campagne, où elle était plus maîtresse de son temps et d'elle-même, un autre monde occupait ses soins : le monde des pauvres, des ignorants et des malades ; elle était leur providence leur mère, on pourrait presque dire leur apôtre, et son école du dimanche qu'elle avait fondée dans la paroisse dont dépendait le château paternel, était vite devenue comme un foyer de foi et de charité pour toute la contrée environnante. Douée avec cela d'une intelligence vraiment hors ligne, affamée de lire et de s'instruire, elle réussissait dans toute étude qu'elle tentait, et il avait fallu la charité et l'amour du devoir pour tempérer et contenir ce qu'il aurait pu y avoir d'excessif dans les goûts et les entraînements naturels. Plusieurs personnes bien initiées au discernement des âmes avaient été frappées de je ne sais quelle impression, rien qu'en voyant cette enfant. Un prêtre ami de la famille, qui allait devenir un des plus éminents évêques de France, l'abbé Plantier, n'avait pu s'empêcher de dire un jour à sa mère : « Cette enfant est admirable, elle ne vous restera pas. »

Pouvait-il se faire que la beauté de cette nature toute transparente et sans repli, pût échapper à P. Dugas ? Dès que l'enfant eut atteint l'âge de jeune fille, il s'établit, entre ces deux âmes de même trempe, un commerce intime tout empreint de fraicheur et de suavité. Lorsque la belle saison venait séparer ces deux vies, on avait hâte de reprendre sur le papier les causeries interrompues.

Elle lui écrivait un jour : « Il y a des plantes qui sont
« destinées à vivre ensemble et de la même séve, et ce sont
« souvent les plus petites et les plus faibles qui vont chercher
« les arbres les plus beaux et les plus forts. Ne suis-je pas, moi,
« votre petit parasite, lierre, mousse ou lichen, peu m'im-
« porte ? Je m'attache tous les jours de plus en plus à mon
« mon cher et bienveillant appui, et maintenant où serait
« le jardinier assez fort et assez bien armé pour trancher
« les racines qui m'attachent à vous ?... »

Et son oncle de lui répondre : « Mais quelle idée as-tu,
« pauvre enfant, de me comparer à l'arbre fort et vigou-
« reux, autour duquel toi, mousse, lierre ou lichen, tu
« aimes à t'enlacer ? Si je ne connaissais la simplicité de
« ton âme et ton goût sincère pour la vérité, je n'hésiterais
« pas à taxer d'exagération ta figure de rhétorique, ou à
« dire que tu me jettes l'encensoir à la face. Mais non,
« j'aime mieux voir dans la sympathie que tu éprouves
« pour ton vieil oncle un des effets de cette tendresse de
« cœur que produit l'amour du bon Jésus. Voilà l'amour
« par excellence, l'amour seul fort, seul vrai, seul persis-
« tant ! Tout appui qu'on cherche dans les créatures est
« fragile comme elles. C'est en vain que le lierre a cru vivre
« toujours en s'attachant aux flancs du plus robuste des
« chênes ; les outrages du temps ou la cognée du bûcheron
« détruiront tôt ou tard et le chêne et le lierre. Mais ni les
« années, ni les épreuves de la vie, ne pourront rien contre
« celui qui s'appuie sur Jésus, qui ne veut que Lui, que sa
« gloire, que son bon plaisir. Qu'importent la croix et les
« vicissitudes ? Qu'importent les soucis de la vie du monde,
« la pauvreté ou les richesses ? Rien, rien, disait saint
« Paul, ni la vie, ni la mort, ni les choses présentes, ni
« les futures, ne pourra séparer nos cœurs de la charité du
« Seigneur Jésus. »

La jeune fille à qui s'adressait ce langage si peu de la

terre, avait alors dix-sept ans : mais ces pensées lui étaient familières et son pieux correspondant savait bien qu'il était compris et goûté. Déjà il lui avait écrit l'année d'avant, à propos d'un sacrifice très-dur imposé à Madame Dugas (la maladie l'avait empêchée d'aller au collége de Mongré assister à la première communion de son fils aîné):

« Nous avons eu en effet un grand chagrin d'être obligés « d'assister sans ta tante à la première communion de « Laurent. Plus la cérémonie a été touchante, plus la « pensée de son absence et du sacrifice qu'elle avait dû faire « me poursuivait et me rendait triste. C'est ainsi qu'il n'y « a point de joies complètes ici-bas, même parmi les plus « innocentes et les pures : Dieu le voulant ainsi pour nous « rappeler que nous ne sommes en ce monde que de passage. « Voilà pourquoi, ma chère enfant, tu dois t'habituer à ne « regarder les choses de la terre, qu'elles soient tristes ou « gaies, que du coin de l'œil, et réserver tes deux grands « yeux bleus pour les choses du ciel et de l'éternité. Cela « me remet en mémoire une pensée de Mgr Gerbet qui me « paraît pleine de justesse et de profondeur : C'est à tort, « dit-il, que dans le langage ordinaire on appelle *ce monde* « le monde du temps, et *l'autre monde* le monde de l'éternité. « C'est le contraire qu'il faudrait dire. Dans l'un tout est « réel, positif, immuable ; tout aboutit à lui, tout s'inspire et s'éclaire de lui. Dans l'autre, tout est illusion et « vanité, tout y change et tout y passe ; il n'a de lumière « que par le premier, et n'a qu'en lui sa raison d'être. On « ne lui donne donc que ce qu'il mérite en l'appelant *l'autre « monde*. »

L'année suivante, en 1855, il est allé visiter l'Exposition de Paris ; mais n'étant pas de ceux qui disent et ne font pas, il n'a admiré ces merveilles que du coin de l'œil, et réservé les regards de son âme pour des choses meilleures :

« Ta bonne petite lettre m'est arrivée au milieu du

« brouhaha de la capitale, comme un bouquet de vos par-
« terres..... C'est une très-belle chose assurément que l'Ex-
« position. Je passerais pour un barbare si je ne faisais pas
« chorus avec le public qu'elle ébahit ; et cependant (je le
« dis bien bas, et à toi seule) cela me laisse froid et ne me
« parle pas au cœur. On admire, on s'exclame, mais on ne
« se sent ni touché, ni ému, comme en face des grandes
« œuvres de Dieu et des grands spectacles de la nature. Le
« souvenir qui en reste, n'est qu'une simple réminiscence
« et ne vaut même pas qu'on lui applique le vers de Vir-
« gile (je ne me gêne pas pour parler latin avec toi) *For-
« san et hæc olim meminisse juvabit.* »

Et comme il est convenu avec sa nièce qu'il ne lui épargnera jamais la vérité et lui donnera de temps en temps un petit coup de griffe, il ajoute :

« Abstiens-toi, je t'en prie, de faire des compliments à
« ton cher oncle. Ils n'ont, permets-moi ce langage,
« aucune valeur dans ta petite bouche : d'abord, parce que
« si tu avais des vérités autres que des compliments à
« me dire, tu ne l'oserais pas, car je te défie de savoir
« si je les mérite. Plus la procession est longue, disait
« un saint, plus on ramasse de poussière et de boue. C'est
« là, hélas, tout l'avantage que mes quarante-cinq ans me
« donnent sur toi. Ce qu'il y a de très-certain, c'est que
« nous avons l'un et l'autre le bonheur de servir un bon
« et excellent Maître, auquel nous ne pouvons rien faire de
« mieux que de nous abandonner entièrement. Il a l'œil
« toujours ouvert sur nous ; il sait ce qui nous convient à
« chacun ; il veut notre bien d'une volonté qui l'a fait se
« sacrifier lui-même pour nous le procurer. Remettons-
« nous donc tout entiers entre ses mains. Vivons au jour
« le jour, faisant gaîment la besogne de la journée, sans
« souci du lendemain qui ne nous appartient pas, que
« nous ne devons ni escompter, ni prévoir, car Dieu pour

« cela nous refuse sa grâce. A chaque jour ainsi suffira sa « peine, et *tout* ira bien, car *tout* tourne à bien pour ceux « qui aiment ce bon Père. »

Cette douce pensée de la paternelle Providence et de l'abandon filial était tout à fait du goût de la pieuse jeune fille. Sa réponse provoqua de nouvelles réflexions sur le même thème :

« Tu as mille fois raison, ma chère enfant, nous ne « saurions assez remercier le bon Dieu de la grâce qu'il « nous a faite de croire, d'espérer et d'aimer, de préférence « à tant de pauvres âmes qui en auraient peut-être mieux « profité que nous, et qui vivent, hélas ! comme des aveugles, « sans rien voir des beautés que nous voyons, sans rien « ressentir de ces joies intimes qui sont pour nous comme « un avant-goût du Paradis, sans espérance et sans conso- « lation dans les épreuves dont cette vie est semée. Le « choix que Dieu a fait de nous, doit nous inspirer une « humilité profonde et une reconnaissance de tous les ins- « tants; mais ne trouves-tu pas qu'il donne un motif de « plus à cet abandon filial dont te parlait ma dernière « lettre ? Car enfin, si le bon Dieu a jeté les yeux sur nous, « alors que nous étions séparés de Lui par l'abîme du « péché originel, et que nous ne pouvions rien faire pour « mériter sa grâce, nous délaissera-t-il lorsque, parvenus à « l'âge de raison, nous aurons tout au moins la bonne vo- « lonté de l'aimer et de le servir? Regarde ton excellente « mère. Quels soins n'a-t-elle pas pris de toi, quand tu ne « pouvais encore lui sourire, ni répondre à ses caresses? « Crois-tu que sa sollicitude et sa tendresse aient diminué « depuis que tu es devenue grande fille? Ne veut-elle pas « toujours, au prix même du sien, ton bonheur présent « et ton bonheur à venir? Eh ! bien, ma chère nièce, tout « ce qu'il y a dans le cœur de la meilleure des mères de « tendresse et de sollicitude n'est qu'un pâle reflet de la

« tendresse infinie et de l'immense sollicitude du cœur « de notre bon Maître. Non. non, croyons-le bien, il ne « s'éloignera jamais le premier du cœur qui veut lui rester « fidèle. Il nous mènera à Lui par le chemin qu'Il sait et « qu'Il a préparé de toute éternité, sans que nous ayons « besoin d'y mettre du nôtre et d'aller au travers de sa be- « sogne paternelle. Remettons-nous entre ses mains, tout « simplement, comme le petit enfant qui passe des bras de « sa mère au berceau et du berceau aux bras de sa mère, « sans crainte de choir ou de faire fausse route. Voilà un « bien long sermon. Que veux-tu? Il est si doux de faire « trêve un moment aux affaires et aux chiffres, pour par- « ler un peu du bon Dieu, de son amour, de sa Providence. « Je sais d'ailleurs que c'est un langage que tu aimes. Tu « m'excuseras donc ; et si (ce que je te permets) tu as trouvé « mes notes bien lourdes et bien monotones, tu y joindras « le doux gazouillement de ton petit ramage, pour en « faire un *duo* qui ne déplaise point trop aux anges du « ciel. »

Sur ces entrefaites une occasion s'offre à Mlle Eugénie Gautier de pratiquer cet abandon qu'on lui prêche et qu'elle goûte si bien. Elle est à la campagne, et le curé de la paroisse est mort ou vient d'être changé, et n'est pas encore remplaçé. Pourra-t-on seulement avoir une messe le dimanche, et n'est-ce pas une pitié que ce dénuement spirituel où on laisse trop souvent les campagnes? Son oncle s'empresse de lui écrire :

« Je te prie de croire que j'ai compati très-sincèrement à « toutes vos sollicitudes de curé, et que je comprends très- « bien l'importance qu'ont ces questions-là, surtout à la « campagne. Mais est-ce une raison, dis-moi, pour s'en « tourmenter la tête, et se créer des fantômes? Ne serait ce « pas mieux et beaucoup plus simple de se borner à prier « Dieu, de le prier avec instances, suivant la gravité du

« cas, puis de s'en remettre tranquillement aux décisions de
« sa Providence ? Car en définitive, c'est à cette Providence
« que tout aboutit et qu'il faut sans cesse revenir. Nous avons
« la vue si bornée, nous sommes tellement disposés à juger
« les choses d'après les impressions de nos sens, et nos sens
« nous abusent si souvent, que si le bon Dieu nous laissait
« seulement pendant vingt-quatre heures la direction des
« événements pour ce qui nous touche de plus près, je suis
« persuadé que nous ne ferions que des sottises. Oh !
« comme tout irait mieux avec cette pratique de l'abandon
« filial ! comme tout irait mieux dans les petites comme
« dans les plus grandes choses, dans les affaires du temps
« et dans celles de l'éternité ! Excuse-moi, ma petite, si je
« ne sais que rabâcher la même morale ; mais ne te sem-
« ble-t-il pas, comme à moi, que tout est là ? Jetés pour
« quelques heures sur le vaisseau du monde, sous la garde
« d'un pilote notre père, notre ami, qui veille nuit et jour
« sur nous, et dont l'œil et les mains ne peuvent faiblir,
« efforçons-nous de lui plaire, confions-nous en sa ten-
« dresse et en sa sollicitude ; mais, de grâce, ne touchons
« point au gouvernail, de peur d'aller à la dérive et de
« donner contre les récifs en croyant aborder au port. »

Voici maintenant une petite leçon sur un autre devoir particulier à la femme, mais important dans sa vie, quelle que soit la condition spéciale où le bon Dieu l'ait placée. Tout occupée de pensées saintes et élevées, Eugénie, à n'écouter que la nature, sentait peu d'attrait pour le travail manuel, et un jour elle s'était permis d'écrire à son oncle : « Ne riez pas trop, je vous en supplie, si je vous dis
« tout bas que mes grandes occupations ne m'ont pas laissé
« le temps de vous écrire plus tôt. Il s'agit de fruits à
« cueillir et de toutes sortes d'autres utiles petites choses
« que nos seigneurs et maîtres ont assez l'habitude de dé-
« daigner jusqu'au moment des résultats. » Puis, avec son

humilité toute simple, elle ajoute : « Je dis tout cela sans « malice, je suis heureuse de ma position de femme plus « que je ne peux le dire : elle va bien à ma petite taille, à « mon petit courage, à mon petit esprit. »

On pense si cette boutade va passer inaperçue !

« Tu es trop modeste, ma chère enfant, en me parlant, « comme si elles n'avaient droit qu'à mon dédain, des « petites choses qui t'occupent. Tu connais le proverbe : « Il n'y a pas de sots métiers, il n'y a que que de sottes « gens. » Je te dirai de même : « Il n'y a pas de petites « choses, il n'y a que de petites gens. » Ce n'est point l'im- « portance apparente de nos actions, mais l'esprit dans « lequel nous les faisons qui leur donne de la valeur et du « mérite. Est-ce que la sainte Vierge, en s'occupant des « menus soins de son humble ménage de Nazareth, ne « faisait pas de plus grandes choses que ne faisait Hérode « sur son trône, avec tout son faste et sa politique ? Va, « va, ma très-chère nièce, cueille en paix tes poires, dévide « ton peloton, mets la main à la pâte : tout cela vaut notre « fatras d'affaires et l'importance ridicule que nous atta- « chons à nos calculs et à nos chiffres : que dis-je : vaut ? « cela vaut mille fois mieux, incomparablement mieux, « si, d'un côté, on trouve l'esprit de Dieu, et, de l'autre, « comme hélas trop souvent, l'esprit du monde. »

La réponse se devine. La morale était trop encourageante et trop juste pour n'être pas reçue de bon cœur. Mais l'esprit de la sainte Vierge, comment l'imiter ?

« La sainte Vierge, ma chère enfant, s'occupait du gou- « vernement des détails avec un esprit certainement plus « parfait, mais non point d'une manière différente, comme « tu as l'air de le croire, et il ne tient qu'à toi d'acquérir « dans ce gouvernement-là une perfection sinon égale, du « moins semblable à la sienne. Ce n'est point, je le ré- « pète, l'importance apparente des occupations, mais l'es-

« prit dans lequel on s'y livre qui en fait le mérite. Tout « le sens du christianisme est là. Voilà pourquoi une jeune « fille dévote (car j'espère en que ce mot-là ne te fait pas « peur, et que tu comptes devenir cela, si tu ne l'es « déjà) ne diffère apparemment en rien des compagnes de « son âge. Elle s'occupe de ses petites affaires, va, vient, « sautille et s'habille comme les autres. Elle ne craint « même pas, si ses devoirs l'y appellent, de paraître dans le « monde, et elle y figure avec plus de modestie, sans « doute, mais avec autant d'aisance et d'amabilité que qui « ce soit : ses plus intimes eux-mêmes s'y tromperaient. « Ce sont les dehors, les accents et les traits d'Esaü ; mais « Esaü n'est qu'à l'extérieur, Jacob est au dedans. Son « cœur est tout à son Dieu ; tout ce qu'elle fait, elle le fait « en union avec lui, et de cette manière, non-seulement « elle ne donne point à ceux qui la fréquentent une fausse « idée de la dévotion, mais elle acquiert pour elle des tré- « sors infinis, et elle divinise pour ainsi dire ses moindres « actions, en les faisant dans l'esprit de Jésus-Christ, qui « seul a mérité pour nous. Conviens que cette morale a « bien son prix. Nous avons tous contracté envers Dieu « une dette infinie. Les uns le paient avec de l'or : ce sont « les martyrs, les confesseurs, les apôtres, les mission- « naires. Les autres n'ont que de la petite monnaie à donner « pour s'acquitter : ce sont les gens du monde, les hommes « d'affaires, les femmes d'intérieur et de ménage. Quelles « actions de grâces ne devons-nous pas à notre bon Maître, « de vouloir bien se contenter ainsi de nos gros sous, de « nos petites actions de rien, et de nous promettre en « échange le même paradis qu'aux grands héros de la « foi !... »

Et concluant par la pensée qui termine le plus souvent ses lettres :

« A Dieu, ma chère nièce. Pour n'avoir jamais rien à

« craindre, ni des désillusions, ni des déceptions, ni des re-
« grets, et pour n'avoir jamais à compter qu'avec la plus
« douce des espérances, tenons-nous-en à l'amour, en tout
« et pour tout, de Notre-Seigneur Jésus. Que là soit le
« lieu et le charme de nos affections d'ici-bas, et, en par-
« ticulier, de celle que te porte du fond du cœur ton vieil
« oncle. »

Mais si les détails d'intérieur n'absorbent pas tellement cette jeune âme qu'il ne lui reste du temps non-seulement pour ses dévotions et ses charités, mais pour ses chères études et ses chères lectures, là encore le bien-aimé et excellent oncle est l'indispensable confident : on lui rend compte de ses heures de travail, on le consulte sur le choix des livres, on le remercie, on lui communique ses impressions. C'était surtout pendant les froides journées de décembre, les dernières passées à la campagne, que l'ardente jeune fille prenait sa revanche des mois de soleil et de liberté obligée où « elle s'était faite bravement petite « paysanne, courant les champs, vivant de bon air et « d'exercice, brunissant ses mains au soleil. »

« Nous sommes maintenant dans une solitude véritable ;
« nos journées sont monotones et paisibles, nos soirées
« longues, mais fort agréables..... La campagne est toute
« dépouillée, les montagnes à l'horizon sont toutes blan-
« ches, de petits flocons de neige tombent silencieusement
« autour de nous, et le vent gémit dans la cheminée. Tout
« cela n'est ni gai ni chaud, mais ce n'est qu'à l'extérieur.
« Je voudrais que vous pussiez voir notre établissement à
« l'intérieur, le salon surtout, avec sa grande cheminée
« flamboyante et tout l'appareil d'étude que nous y avons
« transporté. Nous y passons de longues heures silen-
« cieuses et occupées, et alors il prend une apparence de
« calme et de travail qui fait plaisir à voir »

Sans la pensée « de tant de pauvres gens qui ont froid »,

pensée qui la glace et l'empêche de se chauffer, tout serait à souhait pour l'aimable enfant.

Elle se garde bien de parler de ses compositions littéraires, de ses analyses de Balmès, de ses traductions d'Horace et des Soliloques de saint Augustin ; rien ne lui serait plus antipathique que de passer pour une petite savante ; mais pour ses lectures, elle en parle plus à son aise : le *Traité de la perfection*, *Sainte Catherine de Sienne*, *Sainte Élisabeth de Hongrie*, la *Vie de saint Bernard*, *Rome chrétienne*, de Mgr Gerbet, *Clément XIII et Clément XIV*, des feuilletons que le bon oncle a choisis, tout cela, avec mille autres choses, a été lu avec un plaisir extrême. On est maintenant aux *Soirées de Saint-Pétersbourg* : le ravissement est complet; mais la jeune tête ne va-t-elle pas se lancer trop haut, et oublier dans son vol les leçons d'autres fois sur l'humilité de Nazareth? Elle a besoin que son sage conseiller la rassure. Il était, en effet, trop sage pour ne le point faire, et voici ce qu'il écrit :

« Je comprends, ma chère amie, l'attrait que t'offre la « lecture des *Soirées de Saint-Pétersbourg* : je n'y ai pas « jeté les yeux depuis vingt ans, malgré mon désir de les « relire, et je me souviens encore de l'impression profonde « que me faisaient les réflexions de ce grand génie. Les « espaces dans lesquels il vous transporte n'ont rien de « dangereux, même pour les jeunes têtes : ce n'est point « là le monde de l'imagination où le jugement et le sens « pratique risquent de s'égarer; c'est le monde de la foi, le « monde de l'éternité, le *vrai* monde, en un mot, à côté « duquel le monde d'ici-bas, qui nous occupe tant, n'est « bien que l'autre monde.

« Quand on descend de ces hauteurs pour rentrer dans « les détails de la vie commune, il peut se faire qu'on soit « un moment étourdi, mais on n'est ni troublé ni dé- « tourné de ses devoirs ; au contraire, on se remet de plus

« belle à la besogne que Dieu nous a assignée, en y portant « seulement, avec le désir de mieux faire, cette inquiétude « de cœur dont saint Augustin a dit : « Vous avez fait « notre cœur de telle sorte, ô mon Dieu, qu'il ne cessera « d'être agité et inquiet jusqu'à ce qu'il trouve en vous sa « paix et son repos..... » A Dieu, ma bonne et chère nièce! « à bientôt, j'espère, le plaisir de t'embrasser. Conserve « toi, en attendant et pour toujours, dans la paix du Sei- « gneur, cette paix qui surpasse tout ce qu'on peut dire, « et qui est au-dessus de toutes les vicissitudes des temps. »

Ainsi se poursuit pendant l'espace de cinq ou six ans cette correspondance, à la fois aimante et pieuse, sérieuse et alerte. Il va sans dire que les lettres de l'oncle sont toujours les bienvenues, et qu'on se trouve la plus gâtée des petites nièces. Mais les réponses qu'on lui envoie ne sont-elles pas un babillage indiscret, un vrai larcin fait à un temps précieux? Non, certes, l'oncle n'est pas du tout de cet avis; il savoure la prose qu'il reçoit : « On a tant de « cœur, on *dicte* si bien dans le pays que tu habites », et une des lettres se termine par ce compliment, qui se transforme tout de suite, sous cette plume, en un souhait chrétien :

« A Dieu, ma chère enfant, je regrette de n'avoir qu'une « lourde mule à mettre au trot à côté de ton gentil Pégase. « Heureux encore si le poids de ma monture ne m'em- « pêche pas de te suivre au terme où nous tendons tous « deux! Aide-moi de tes bonnes prières, et reçois en re- « tour, ma très-chère fille, puisque tu me permets de te « donner ce nom, l'assurance de ma plus tendre amitié. »

Au fait, le terme approchait où, au moins extérieurement, ces douces relations allaient se briser. Au mois de février 1858, l'année qui devait être la dernière pour cette sainte enfant, ses parents réalisèrent un des plus beaux rêves de sa vie en lui faisant connaître Rome et l'Italie, et le dernier échange de lettres se fit entre Lyon et Rome. Le 6 mars, son oncle lui écrivait :

« Le voilà réalisé ce rêve de tes jours et de tes nuits. « Oh ! que j'aime à te voir d'ici versant tes larmes et tes « prières sur cette balustrade de la Confession de Saint- « Pierre, où ont prié et pleuré avant toi tant de généra- « tions, collant tes lèvres sur le pied de bronze de la statue « du Prince des pasteurs, cherchant d'un œil avide sur la « terre et le long des murs du Colisée quelques traces du « sang qu'y ont versé tant de martyrs, ouvrant de grands « yeux et ton cœur plus grand encore devant les mer- « veilles de Saint-Jean-de-Latran, de Sainte-Marie-Ma- « jeure, de Sainte-Croix-de-Jérusalem et de tous ces sanc- « tuaires dont le nom seul remue l'âme jusque dans ses « profondeurs, t'inclinant devant les reliques et les souve- « nirs des grands saints Pierre, Paul, Sébastien, Laurent, « Ignace, Louis de Gonzague et des illustres saintes Agnès, « Cécile, Hélène, Françoise ; puis, passant du sacré au « profane, et prêtant l'oreille au moindre bruit de la rue « pour y trouver un écho de la grande voix de ce peuple « romain, maître du monde, t'imaginant voir sous la « figure des femmes que tu rencontres des traits de res- « semblance avec les Cornélie et les Lucrèce, te représen- « tant l'ombre des Gracques, des Scipions, des Césars, « errant autour de leurs monuments et de leurs palais en « ruine. Que sais-je enfin ? Tout, dans Rome, le mouve- « ment du jour et le silence de la nuit, le ciel et la pous- « sière, les pierres des édifices et les cailloux de la rue, tout « parle au cœur, à l'imagination, à la foi ; on s'y sent vivre « de toutes les puissances de son être, on y respire par « tous les pores ; c'est comme un vague pressentiment de « la vie de l'éternité. La conclusion de tout cela, ma très- « chère nièce, c'est que tu dois t'estimer très-heureuse de « faire un si beau voyage, et que, puisque le bon Dieu n'a

« pas voulu que nous le fissions avec vous, comme nous « en avions tant envie, tu dois prier beaucoup pour nous, « et nous mettre de moitié dans tes pieuses intentions, « dans tes dévots pèlerinages. Je te demande un souvenir « tout particulier à la Confession de Saint-Pierre, à la pri- « son Mamertine, à Sainte-Marie-Majeure, à Saint-Lau- « rent et à l'autel de Saint-Louis-de-Gonzague. Je ne puis « me rappeler tous ces sanctuaires sans palpiter d'émotion, « et je ne me console d'avoir vu Rome si à la hâte qu'avec « l'espérance d'y retourner un jour et d'en causer bientôt « longuement avec toi. Or, pendant que vous jouissez « doucement de ces loisirs que Dieu vous a faits, nous me- « nons ici sans vous une assez triste vie, à l'affût de vos « nouvelles qui sont notre plus chère distraction..... Heu- « reusement, je vois souvent le bon Père Hermann, qui « m'a demandé avec beaucoup d'intérêt des nouvelles de « mes chères nièces, et je dois aller mardi faire avec lui et « quelques amis de choix une partie fine à Ars, où il veut « nous dire la messe..... C'est toujours le cœur le plus ai- « mant et le plus saintement passionné pour l'Eucha- « ristie. N'a-t-il pas mille fois raison ? Et qu'est-ce, en « effet, à côté de l'Eucharistie, ou sans elle, que la terre et « que Rome même ? *Deus meus et omnia !...* A Dieu donc, « à Dieu nos émotions et nos joies, comme nos peines et « nos épreuves ! à Dieu, enfin, notre cœur tout entier ! « Qu'en Lui aussi se retrempe et s'épure l'amitié si pleine « de charmes que t'a vouée pour toujours ton vieil oncle. »

C'était bien la note de piété et d'enthousiasme qui convenait à Mlle Gautier. Oui, elle a compris le secret de Rome, elle a goûté son parfum, et sur tous les points les deux âmes vibrent à l'unisson. Son oncle s'empresse de lui en dire sa joie :

« Je viens en toute hâte te remercier de ton souvenir « des douces larmes que vient de me faire verser le récit

« de tes pieuses émotions. Oh ! comme je te sais gré d'avoir « compris, senti et aimé Rome comme tu l'as fait ! N'est-« ce pas que quand on a, ainsi que toi, un peu de poésie « dans l'âme et beaucoup de foi dans le cœur, il n'y a rien « de pareil à l'ivresse que fait éprouver le contact des choses « éternelles ? C'est là ce qui fait le caractère de Rome, ce « qui fait que les impies et les indifférents s'y ennuient ou « s'y scandalisent et que les chrétiens s'y édifient et s'y « délectent. C'est que partout on s'y coudoie, pour ainsi « dire, avec les souvenirs et les habitants de l'éternité ; « c'est qu'on y vit en quelque sorte de la vie surnaturelle, « vie antipathique aux hommes de chair et de sang, mais « qui est pour les hommes de foi comme un avant-goût « et un reflet du paradis. J'aurais eu, tu peux le croire, « un vrai bonheur à jouir de Rome avec toi, et c'est un « grand sacrifice que le bon Dieu m'a imposé en m'obli-« geant à y renoncer ; mais la santé de ta tante ne me « permettait guère d'insister. Oh ! comme nous allons « nous dédommager au retour, à ce bienheureux re-« tour dont l'approche nous fait à tous battre le cœur ! « Mon Dieu ! s'il est sur la terre d'exil des heures si « douces que celles que ce retour nous prépare, que sera-ce « donc de la patrie, alors que réunis tous en Dieu, nous « jouirons de lui et de notre commun bonheur, sans plus « craindre de jamais le perdre ? Je voudrais ne plus te « quitter, ma bonne et chère enfant, tant j'éprouve de « charme à causer avec toi. Je voudrais te remercier comme « je le sens du pieux souvenir que tu as donné à mon « père et à ma mère sur le tombeau de sainte Hélène ; je « voudrais te charger de mille choses affectueuses pour « tout ton monde ; mais l'heure du courrier me presse, et je « termine à la hâte en te donnant rendez-vous dans le cœur « de notre bon Jésus, qui veut être lui-même le principe « et la fin de notre amitié. »

Le bienheurenx retour arriva, apportant toutes les joies qu'il promettait, mais pour être bientôt suivi d'une séparation plus amère. Dieu n'avait-il voulu faire luire sur cette fleur choisie et si peu faite pour la terre son beau soleil de la Ville sainte, que pour achever de l'épanouir et de la rendre digne de ses jardins célestes? Et elle-même avait-elle pressenti qu'après Rome il ne lui restait plus à connaître que la Jérusalem d'en haut? On serait tenté de le dire à voir combien, dans ses derniers mois de vie, son esprit et son cœur semblaient se hâter d'agir, et avides de se donner.

Ce fut dans la propriété de sa famille qu'elle fut atteinte par la maladie qui allait l'emporter si prématurément, et pour ainsi dire en pleine santé. Etrange destinée! ces deux âmes, si identiques dans leur nature et leur tendance, devaient se ressembler jusque dans les bras de la mort : même genre de fièvre, même rapidité implacable du mal, même force et même douceur envers la souffrance, même sérénité et même calme devant le suprême appel. Il y a plus : quelques-uns des détails que consignait M. Dugas sur les journées qui suivirent la mort de sa nièce et sur ses funérailles se reproduisirent pour lui, dix-sept ans plus tard :

« On l'avait étendue sur son lit, écrivait-il, vêtue de « blanc et parée comme au jour de sa première com- « munion. La mort, qu'elle avait vue venir dès le début de « sa maladie, l'avait laissée dans toute sa paix et sa séré- « nité : un sourire de bonheur et d'extase était sur ses « lèvres. Elle est restée là deux jours entiers, sans aucune « trace de décomposition, pendant qu'on venait en foule, « hommes, femmes, enfants, jeunes filles, vieillards, des « paroisses voisines et de plusieurs lieues à la ronde, pleu- « rer et prier autour d'elle. On lui apportait les infirmes, « pour qu'elle les guérît, les petits enfants, pour qu'elle les « rendît sages ; on lui faisait toucher des chapelets et des

« médailles, on baisait ses pieds et jusqu'aux carreaux de « sa chambre. C'était un spectacle d'un autre âge. La pa- « roisse entière était sur pied, les travaux des champs « interrompus. Une foule compacte se pressait autour du « cercueil, qu'on se disputait l'honneur de porter tour à « tour. Toutes les jeunes filles des environs étaient ha- « billées de blanc avec une longue ceinture noire, et san- « glotaient en récitant le chapelet. L'église n'a pu contenir « le tiers des assistants. Sa famille avait d'abord le projet « de ramener son corps à Lyon, mais tant d'instances ont « été faites qu'il a fallu céder, et laisser sa précieuse dé- « pouille dans l'humble cimetière du village, au milieu « de pauvres qu'elle aimait tant. »

Ainsi écrivait-il, se faisant en plus d'un trait le propre historien de sa mort. Dix-sept ans se sont écoulés, et la jeune tige de lierre, extérieurement séparée du chêne vigoureux, a pu s'y rattacher de nouveau sur le sol où tout fleurit, où rien ne meurt et ne se flétrit plus à jamais.

VI

ANNÉE 1859 ET 1860. — ŒUVRES PONTIFICALES. — SUPPRESSION DE LA *GAZETTE DE LYON*.

Quelqu'un nous reprochera-t-il ces longs et familiers extraits? Sans doute, si ces lettres ne faisaient qu'exhaler le parfum des souvenirs intimes, nous ne nous serions point permis de les arracher à l'ombre pieuse où elles reposaient. Mais elles nous ont paru réfléchir si vivement les traits les plus attachants de l'homme aimable dont nous essayons d'esquisser une image, que nous ne pouvions manquer cette bonne occasion de le laisser se peindre et se livrer lui-même. Oui, voilà bien pris, pour ainsi dire, en flagrant délit de naturel, celui que nous avons connu : cette vertu humble et douce, tour à tour grave et souriante, jamais sèche ni raide, qui se plaît à prêcher le bien, mais ne le prêche que discrètement en le faisant aimer ; un type du dévot véritable et du chrétien complet, qui sait se faire tout à tous, et mener de front allégrement les devoirs les plus divers. Homme de l'action, des affaires, des relations du monde, quand c'est l'heure de s'y prêter et d'en parler la langue ; en même temps homme du foyer domestique, heureux de retrouver, au soir de ses journées pleines et laborieuses, la fraîcheur des jeunes et tendres affections. Par dessus tout, et malgré ce qu'il nommait le fatras du siècle, homme de foi qui a déjà fixé dans le ciel le meilleur de son âme, dont le cœur déborde de Jésus-Christ, et qui, sans ostentation et sans effort, a le don de tout ramener à Dieu. On se tromperait en effet, si l'on croyait que pour s'élever aux choses éternelles, il eût besoin de s'entourer de solitude et de silence. C'est dans son bureau de négociant et de banquier, au milieu de mille tracas fort étrangers aux secrets de la vie chrétienne, interrompu à tout instant par des visites et des requêtes de tout genre, qu'il écrit ces lettres où il manie avec tant d'aisance le style de la piété.

L'époque même à laquelle se rapportent les derniers fragments de cette correspondance, lui avait amené un large surcroît d'affaires. Son père n'était plus : restaient toujours les traditions, par conséquent les charges à soutenir, et de tout l'héritage paternel c'était à coup sûr cette part plus lourde qu'il avait eu le plus à cœur de recueillir.

La Providence cependant ménageait de nouveaux aliments à son activité. On se souvient combien les années 1859 et 1860 furent fatales à l'Église, à la justice, à l'antique honneur de la patrie : au moins cette audace du mal eut-elle ce résultat d'éveiller les protestations de la conscience chez tout ce qui avait gardé quelque souci de ces vieilles et saintes choses. Les catholiques se sentaient frappés à la tête et au cœur. De toutes parts, à la voix du Pontife suprême et des évêques, s'organisa comme une croisade qui allait voler à la défense des droits menacés ou déjà violés, un élan digne des âges de foi. Nous permettra-t-on de rappeler avec quelques détails, le concours apporté par Lyon à cette grande ligue si foncièrement catholique ? Ce ne sera pas assurément raconter l'œuvre d'un seul homme : s'il fallait faire ici la part exacte de chacun, plus d'un nom pourrait figurer au même rang. Mais si le nom de Prosper Dugas ne revient que plus rarement dans ces pages, ceux qui les liront savent qu'au fond de tous les faits qu'elles relatent, il serait aisé de retrouver la trace modeste mais toujours bienfaisante de son action.

On approchait de la fin de 1859. Suivant en cela l'exemple déjà donné par d'autres nations voisines, mais prenant presque l'initiative de ce mouvement en France, le comité de la *Gazette* rédigeait et faisait imprimer une Adresse au Saint-Père, courte, simple, mais exprimant ce qui était dans tous les cœurs. le dévouement du peuple fidèle aux droits outragés du Vicaire de Jésus-Christ. Bien vite on en répandit des exemplaires dans tous les quartiers de la ville. La police prit ombrage : elle chercha à intimider les colporteurs, et opéra même la saisie d'une des listes, sous le prétexte rebattu d'arrêter une agitation politique, inutile et dangereuse.

C'était assez pour paralyser cette foule d'honnêtes gens sur lesquels le mirage des anciennes promesses officielles exerçait encore tant de pouvoir. Cinq mille signatures seulement furent recueillies.

Il était urgent d'obtenir un résultat plus décisif. Le 18 décembre un groupe de catholiques, ceux qu'on retrouvait invariablement à la tête des saintes entreprises (P. Dugas était du nombre par conséquent), se réunissait dans l'ancien couvent des PP. Carmes, longtemps vide de ses hôtes, mais où le P. Hermann avait ramené depuis peu une petite phalange de son Ordre. La neige tombait à gros flocons, et la grande salle du cloître, exposée en plein nord, sans feu, était peu faite pour réchauffer les assistants. Mais une flamme meilleure était dans les âmes et on ne se sépara qu'après avoir décidé la création d'un conseil permanent, qui, sous le nom d'*Œuvre de Saint-Pierre,* s'occuperait de tous les intérêts de la cause romaine. M. l'abbé de Serres, vicaire général, fut désigné par S. E. le cardinal-archevêque pour le présider. M. Dugas était nommé trésorier. A ce conseil devait revenir le soin de faire circuler dans notre ville les Adresses au Pape, les listes de souscriptions, les écrits populaires destinés à combattre les allégations calomnieuses et perfides, semées plus que jamais à profusion contre la papauté temporelle. Une légion de braves ouvriers se mit à ce service, et fit pénétrer ces publications par trente et quarante mille exemplaires jusque dans les ateliers et les ménages des faubourgs. En même temps une lettre émanée du bureau, faisant connaître l'Œuvre naissante et sollicitant une bénédiction, était déposée au pied du trône pontifical. La bénédiction accordée, le vice-président et le secrétaire partaient pour Rome emportant les Adresses couvertes de milliers de signatures. A peine arrivés, et avant toute demande de réception, ils étaient prévenus par un message du Vatican les mandant auprès du Saint-Père, qui recevait ce jour-là même en audience l'ambassadeur de France, le duc de Grammont, et fit donner le pas sur celui-ci aux députés lyonnais. Le Journal de Rome publia un compte-rendu de cette audience, qui fut reproduit par plusieurs feuilles religieuses. Pie IX daignait élever la petite œuvre à la dignité d'archiconfrérie, et l'enrichissait de plusieurs indulgences. Il avait en outre approuvé l'idée qui lui avait été soumise par les deux pèlerins de rétablir, comme en 1848, l'antique *Denier de Saint-Pierre.*

Dès leur retour, et avec l'encouragement de l'Ordinaire, on s'occupa de faire une première collecte. De généreuses dames offrirent leur concours. Les intrépides quêteuses rencontrèrent plus d'une injure sur leur route; mais pour elles n'était-ce pas tout profit, puisqu'elles avaient encore recueilli avec cela 80,000 francs, qui furent remis à notre trésorier, devenu dès lors en fait banquier du Saint-Siége pour la région lyonnaise?

La glace était décidément rompue. Les offrandes arrivaient spontanément des rangs les plus divers de la société, l'obole des pauvres aussi bien que l'or des riches. La *Gazette* commençait à servir d'intermédiaire à beaucoup de donateurs éloignés, lorsqu'elle reçut l'interdiction formelle de continuer ces publications.

Au mois d'avril 1860, une députation de catholiques de Lyon était venue offrir au Saint-Père de prendre à sa charge les frais nécessaires pour relever les fortifications d'Ancône. Il ne s'agissait pas moins de 600,000 francs. Une souscription fut de suite ouverte. A la fin d'avril, sous ce titre : *Souscription au Denier de Saint-Pierre*, on lisait dans la Gazette :

« L'appel fait aux catholiques lyonnais, pour fortifier à « leurs frais la ville d'Ancône et la conserver au Saint-Père, « a été entendu. Sur les sommes recueillies dans notre ville, « depuis peu de jours, 20,000 fr. ont déjà été expédiés à « Rome. C'est un premier versement sur les 600,000 fr. « que notre diocèse doit au Saint-Père. »

La feuille lyonnaise insérait, à la suite de cette note, plusieurs lettres qui lui étaient arrivées de divers diocèses, et qui prouvaient que l'appel fait à Lyon avait été compris dans toute la France. Chacune de ces lettres était accompagnée d'un don de 20, 30, 100 et même 500 francs.

Cependant, une pétition au gouvernement demandant une intervention efficace en faveur de la puissance temporelle, et signée par cent soixante-deux noms des plus notables de la ville, était déposée sur le bureau du Sénat par S. E. le cardinal de Bonald. Elle se terminait par ces énergiques paroles :

« Les catholiques s'inquiétent avec raison de voir s'in« troduire dans le droit public de l'Europe et contre le « pouvoir qui régit leurs consciences, le principe abusif « de la légitimité de l'émeute et de l'indignité du souve« rain ! S'il n'est pas possible d'intervenir par les armes, « il est toujours facile de ne pas accorder la sanction du

« droit à des faits que réprouvent également la justice et « l'histoire, l'honneur des gouvernements et l'intérêt des « peuples. »

Elle eut, comme tant d'autres, le sort qu'on pouvait attendre : le vote dédaigneux de l'ordre du jour. Il était dit que la politique impériale, tout en feignant de combattre la Révolution, la laisserait poursuivre jusqu'au bout ses iniquités sacriléges, consommer l'unité italienne en attendant le châtiment de l'unité allemande !

Presque au même jour où la majorité du Sénat s'associait par son suffrage à ce *laisser-faire* criminel, le 26 mars, Pie IX fulminait l'excommunication majeure contre les envahisseurs de l'État de l'Église et les complices quelconques de l'usurpation. Un exemplaire du bref, trompant la surveillance exercée par la police à la frontière, parvint presque aussitôt entre les mains du comité de Lyon et fut traduit sans retard. Le gouvernement ayant fait une défense absolue et comminatoire de publier ce document, comme il avait déjà défendu aux journaux de reproduire les mandements des évêques, on ne pouvait songer à le confier aux imprimeurs. Il importait toutefois d'autant plus d'en faire connaître la teneur authentique, que certaines feuilles très-agréées du pouvoir, puisant un courage facile dans l'impunité, et comme l'a dit très-bien un grand évêque, dans le « bénéfice du mensonge » qui leur était assuré, se donnaient pleine liberté de commenter, de travestir, d'insulter même l'acte pontifical. De véritables ateliers de copistes formés par des jeunes filles de bonne volonté, furent organisés, et, par leurs soins, des copies en grand nombre purent être répandues dans la ville et envoyées au dehors. Puis, cette publication étant encore insuffisante, on réussit à faire imprimer les lettres apostoliques à l'étranger, traduction et texte en regard. Deux mille exemplaires entrés à Lyon, enfouis dans un wagon de charbon, furent distribués en quelques jours.

Bien loin de rebuter leur constance, ces difficultés à vaincre étaient plutôt faites pour stimuler les vrais fidèles. Eux aussi avaient leur *non possumus* à opposer. Prosper Dugas, pour sa part, se multipliait ; sans agitation, sans bruit, de concert avec son digne collègue, M. Louis Guérin, il avait charge de s'occuper, pour la région lyonnaise, de l'emprunt du Pape dont le gouvernement impérial venait d'autoriser l'ouverture en France. Ce n'était point une petite affaire. Les conditions exceptionnelles du taux de l'émission la rendaient particulièrement difficile, et semblaient peu tentantes pour les capitalistes qui ne regardaient que les avantages du placement. Mais restait la part du dévouement et sur celle-là on pouvait compter, tant la détresse du Père commun, de jour en jour mieux comprise et plus déplorée, devenait tout à fait une affaire de famille. Les petits capitaux affluaient, et ce fut précisément l'élan manifesté par la masse de la population chrétienne qui donna la plus rude tâche aux banquiers chargés de recevoir les souscriptions. Pendant plusieurs semaines, les bureaux de M. Dugas ne désemplirent pas. Il fallait entretenir une correspondance avec le ministre des finances de Sa Sainteté, la Nonciature, les banquiers de Paris, répondre à mille personnes peu initiées aux choses financières, qui de tous les côtés demandaient des renseignements et des explications. Les beaux traits de générosité étaient quotidiens, et s'il y avait un peu de peine, quels dédommagements n'était-ce pas de recevoir des lettres telles que celle-ci écrite par un pauvre curé de campagne :

« Je désire souscrire à l'emprunt romain. Si les offres « abondent, je verserai 2,000 francs ; si au contraire l'em- « prunt a de la peine à se couvrir, je souscrirai pour 4,000. « Il me semble que nous devons montrer nos sympathies « à Rome en cette circonstance. En vérité, je crois faire

« une bonne œuvre, une œuvre catholique. Vous savez « mon amour filial pour l'Eglise ma mère. Or, *probatio « amoris, exhibitio operis.* »

Le chiffre souscrit en notre ville atteignit environ un million. Pendant ce temps, la petite archiconfrérie de Saint-Pierre-ès-Liens, comme toute œuvre inspirée de Dieu, avait rapidement grandi. Des lettres d'adhésion et des demandes d'affiliation arrivaient de plusieurs diocèses de France, même de la Belgique, de l'Italie, de l'Angleterre et de l'Irlande. La question de savoir si l'on pouvait s'agréger des membres sans limite de pays, ayant été soumise à Rome, fut résolue affirmativement. Un règlement général fut rédigé, imprimé à l'étranger et adressé à tous les évêques français avec une circulaire. Cet envoi simultané partant d'un même point fut une imprudence. Le ministre des cultes par une lettre du 17 juillet aux archevêques et évêques, leur signalait « la Société formée à Lyon pour soutenir le Saint-Siége, » comme illégale, entachée du caractère de société secrète, organisant un pouvoir occulte au sein de l'État, etc.; et partant, il se déclarait décidé à l'interdire partout où elle avait pu étendre ses ramifications.

Nous ne résistons pas à l'envie de reproduire ici en entier cette pièce ministérielle peu connue. Louis-Philippe et la République nous en ont donné de semblables ; mais elle n'en est pas moins un spécimen de l'esprit du temps et des vaines terreurs qu'on affichait alors à l'égard des catholiques :

« Monseigneur, une société vient de se former à Lyon pour soutenir le Saint-Siége dans tous ses droits spirituels et temporels : sa règle de conduite est une entière soumission au chef de l'Église, sans jamais aller au delà de ses volontés, mais sans apporter à les accomplir le moindre retard, la moindre hésitation : ses moyens sont la prière, la publication et la propagande des meilleurs écrits composés en faveur du Saint-Siége apostolique, et les souscriptions connues sous le nom de Denier de Saint-Pierre. Elle peut encore employer d'autres moyens transitoires ou secondaires indiqués par les circonstances. La Société est dirigée par un recteur et des vice recteurs; elle est administrée par un Conseil central siégeant à Lyon, et des conseils diocésains agrégés au conseil central. Elle correspond avec une commission de cardinaux et M. le général de La Moricière. Il résultera pour tout le monde de cette analyse fidèle des statuts de l'archiconfrérie de Saint-Pierre-ès-Liens et des circulaires du comité central, que cette Société essentiellement laïque dans sa composition, est aussi politique que religieuse par son but et qu'elle nie ouvertement les droits de l'État et les obligations du citoyen, en imposant à ses membres une entière soumission au Saint-Père sans distinguer l'ordre temporel de l'ordre spirituel. J'ajoute qu'en se réservant la faculté d'agir suivant les circonstances, et par tous les moyens propres à défendre la politique romaine dans les affaires extérieures où elle peut être engagée, la Société usurpe un rôle souverain qui n'appartient qu'au gouvernement de la France, et qu'enfin elle prend complétement l'attitude d'une société secrète et prohibée, en essayant d'étendre sur le pays sans aucune autorisation légale, un système d'affiliations et de correspondances dirigé par un comité central et des comités diocésains.

« Je n'ai pas à prononcer, Monseigneur, sur les véritables intentions des fondateurs de cette Société : je me plais à les croire droites et sincères. Mais Votre Grandeur n'en reconnaîtra pas moins qu'une semblable association qui veut organiser un pouvoir occulte au sein de l'État, et enrôler les citoyens dans des entreprises politiques dont les moyens d'exécution sont indéfinis, peut inspirer de justes défiances au pays et des inquiétudes au gouvernement.

« Je suis assuré à l'avance, Monseigneur, que la seule lecture du règlement qui vous sera sans doute adressé, vous détournera de prêter votre concours à cette association : mais je crois opportun de prier Votre Grandeur de faire savoir aux membres de son clergé qui seraient disposés à s'y faire agréger, que le gouvernement n'hésitera pas à dissoudre une société dont l'existence seule est une infraction aux lois pénales. Agréez, Monseigneur, etc.

« Le ministre de l'instruction public et des cultes.

« ROULAND.

« Paris, 17 juillet 1860. »

C'était enfler la voix pour peu de chose. Mais la menace était catégorique et l'on ne se sentit pas de force à obtenir justice d'un gouvernement armé de pouvoirs discrétionnaires. Le cardinal de Bonald tout en continuant à verser entre les mains de l'ancien trésorier les fonds du Denier de Saint-Pierre qui étaient apportés à l'archevêché, crut devoir inviter l'association qui troublait le repos du ministre à se dissoudre d'elle-même. Le conseil cessa donc de fonctionner comme comité central : mais, sans sortir de la stricte légalité, ceux qui avaient formé le premier noyau continuèrent à se réunir en comité privé et tout intime, avec quelques membres du clergé paroissial et quelques religieux de la ville, sous la présidence de M. Dugas.

Sur ces entrefaites éclata le guet-apens de Castelfidardo. Peu de jours après arrivaient à Lyon, par la voie de Turin et du Mont-Cenis, les premiers débris de la petite armée vaincue. Ils étaient dix ou douze, la plupart Bretons, tous simples soldats ou sous-officiers. Il y avait dans le nombre M. Olivier Le Gonidec de Tressans, devenu plus tard commandant de l'un des bataillons des zouaves et actuellement député; Joseph de la Villebrune » qui devait aller mourir quelques mois après à Frascati ; Maurice du Bourg, âme chevaleresque par excellence, l'un des premiers accourus à l'appel de Pie IX, fidèle à son régiment jusqu'à la mort qu'il affronta et reçut en brave à la bataille du Mans, le 11 janvier 1871; Fernand de Ferron, frappé mortellement à Loigny. Rien ne manquait à leur infortune comme à leur gloire. Ces pauvres jeunes gens arrivaient harassés de fatigue, dénués de tout, après avoir subi toutes sortes d'avanies de la populace et de la police piémontaises. Trois ou quatre seulement portaient en entier le costume devenu traditionnel des zouaves pontificaux. D'autres avaient l'ancienne tenue du corps, semblable à celle de nos chasseurs à pied; quelques-uns n'étaient affublés que de lambeaux d'uniforme.

Prosper Dugas eut l'honneur et la joie de les recevoir à sa table, dans sa maison de campagne de Champvert. On devine avec quelle émotion il serra ces mains vaillantes. Un service solennel fut célébré dans la cathédrale pour les victimes de la noble défaite. Ce fut une occasion de triomphe et un dédommagement des outrages du vainqueur, pour le petit groupe de survivants qui se trouvaient à Lyon ce jour-là. Une foule sympathique les attendait sur deux rangs au sortir de la solennité,et l'uniforme, que l'on voyait pour la première fois dans les murs de notre ville, fut l'objet d'une véritable ovation.

Peu de jours avant, P. Dugas et ses amis avaient ouvert une souscription, pour offrir une épée d'honneur au général de la Moricière. Le signal en avait été donné par l'*Univers*, l'*Ami de la Religion*, les journaux catholiques de Nantes et d'Angers. La *Gazette de Lyon* publiait une liste de noms et d'offrandes, lorsqu'elle reçut du ministre de l'intérieur l'injonction de garder le silence. On continua néanmoins, à recevoir les souscriptions dans les bureaux, et l'exemple commençait à être suivi partout lorsque la conscience aussi fière que délicate du Général crut devoir arrêter cet élan.

Durant toute cette douloureuse période la *Gazette* n'avait point failli à son devoir. Son état financier lui avait fait au début une situation difficile et précaire ; seule la générosité de quelques bourses l'avait plus d'une fois empêchée de sombrer. Remise à flot maintenant et classée parmi les journaux importants du pays, elle courait d'autres risques. Il était impossible de se tenir journellement sur la brèche sans exciter les ombrages du pouvoir. On avait d'ailleurs contre elle un vieux grief impuni : l'accueil qu'elle avait fait au coup d'État. L'occasion était bonne de prendre la revanche. Déjà elle avait eu l'honneur d'un avertissement, pour avoir publié intégralement l'ordonnance du Pape relative à l'emprunt. Cette première menace, plusieurs injonctions qu'elle avait reçues du ministère, l'exemple de l'*Univers*, ne lui promettaient rien de rassurant; mais l'iniquité parlant de plus en plus haut, le temps de se taire et de battre en retraite n'était point venu. La *Gazette* continua à prendre part hautement et librement à la défense religieuse et sociale, sachant très-bien à quoi elle s'exposait. Le 20 octobre, un décret impérial contresigné *Rouher, chargé par intérim du ministère de l'intérieur* à la place de M. Billaut, la supprimait. Le rapport à l'empereur qui précédait l'arrêt, donnait en des phrases embarrassées les motifs de cette mesure. Comme toujours, on ne voulait que prendre en mains les intérêts de l'Église contre cette partie de la presse qui prétendait représenter cette cause sacrée et n'aboutissait qu'à la compromettre par un redoublement d'hostilités injurieuses et de provocations coupables :

« Les consciences ne doivent-elles pas malheureusement « être troublées, et l'autorité de la foi amoindrie par la « confusion que l'esprit de parti cherche à établir entre ses

« passions et les intérêts religieux ? C'est la religion que « l'on compromet, en faisant descendre les principes « les plus respectables jusqu'à la complicité de ressen- « timents ou d'ambitions que le pays a tant de fois répu- « diés. »

Ce langage ne pouvait donner le change à personne; aussi bien le ministre avait soin d'ajouter : « Au nombre « des personnes qui avaient pris cette attitude provocatrice, « la *Gazette de Lyon* s'est signalée en première ligne par « ses appels incessants à l'agitation, par la perfidie de ses « attaques contre le gouvernement et par le dédain systé- « matique qu'elle a opposé aux avis les plus bienveillants « de l'administration. »

Ce qui était très-clair et signifiait, pour qui voulait entendre, que la *Gazette* était gênante pour la politique qu'on prétendait suivre, qu'elle était digne de mort, par conséquent.

Si prévu qu'il fût, ce coup ne laissa point Prosper Dugas insensible. Il voyait se briser un instrument du bien, à une heure où aucune arme n'était de trop pour le bon combat ; toutefois, il resta plus tranquille que personne dans la main de la Providence, heureux d'avoir persévéramment soutenu cette œuvre, plein de confiance dans cette assurance sacrée : « Tout tourne au bien de ceux qui aiment Dieu. » D'autres se montraient plus émus, et il fut question de relever le journal. Un moment, on crut que l'administration allait y prêter les mains; mais deux conditions étaient mises : la première, que la *Gazette* cesserait ses polémiques religieuses, en restant libre de garder ses sympathies pour la monarchie héréditaire; la seconde, que M. Dugas serait exclu du conseil de surveillance et de toute rédaction. Inutile de dire quelle réponse fut faite : notons seulement que la deuxième condition faisait trop d'honneur à l'homme qu'elle visait pour que sa modestie lui permît jamais de s'en prévaloir : ses enfants mêmes et la plupart de ses amis les plus intimes n'ont connu le fait qu'après sa mort.

Cette suppression, on le comprend, rendit plus étroite encore l'amitié qui unissait les fondateurs de la *Gazette*, plus vif leur attachement à la cause qui se trouvait frappée du même coup. Ne voulant point déserter absolument le poste, ils essayèrent de fonder un cercle assez restreint et silencieux pour ne pas éveiller de nouveaux soupçons, mais qui pût être, comme l'ancien comité-directeur, un point de ralliement et un foyer d'action. Le local qu'ils choisirent était dans le voisinage d'une autre petite réunion d'une couleur essentiellement différente. Son président, alors personnage inaperçu, mais tiré un des premiers de la foule par le 4 Septembre et aujourd'hui sénateur de la gauche, crut avoir lancé un trait mordant en baptisant le cercle clérical du nom de *Castelfidardo*. Le nom, certes, en valait bien d'autres : on eût craint de le profaner en se l'attribuant de son chef ; mais du moment qu'il était donné, on se garda d'en décliner l'honneur.

Au fait, le sang de Castelfidardo était déjà une semence féconde. La petite armée écrasée commençait à se reformer. Ceux qui avaient été à la peine brûlaient d'y retourner ; leurs exemples plus encore que leurs récits avaient allumé le feu sacré dans bien des âmes. Non-seulement la Bretagne et la Vendée, mais toutes les provinces avaient à cœur de fournir de nouvelles recrues à ce bataillon des tirailleurs franco-belges qui avait si bien mérité de l'Église, de la conscience chrétienne et du vieux renom de la patrie.

Plusieurs jeunes gens du Lyonnais, du Forez, de la Franche-Comté, de la Bourgogne, de l'Ardèche, s'apprêtaient à partir. Un bureau de recrutement s'établit à Lyon et dans plusieurs autres villes. Se trouvant sur le passage des volontaires du Nord, de l'Est et de l'Ouest, il ne manquait pas de travail. Là encore Prosper Dugas ne s'épargna point, agissant toujours sans s'agiter, toujours fidèle à cette maxime « que le bien ne fait pas de bruit, et que le bruit ne fait pas de bien ». De ce moment datent ses relations, devenues bientôt amicales, avec Mgr de Mérode, M. Keller, M. le commandant Becdelièvre (presque Lyonnais d'adoption, prématurément enlevé à son bataillon et à l'Église militante), avec le futur général de Charette, encore simple capitaine, et avec tant d'autres zouaves bien dignes d'être commandés par de tels chefs.

Une autre récompense (qu'on nous permette de le dire, la plus précieuse de toutes) était accordée par Dieu à son zèle persévérant : le 30 novembre de cette année 1860, son fils aîné signait à Rome, avec quelques anciens condisciples de Mongré et quelques autres amis, un engagement aux zouaves, et, le 8 décembre, le nouveau soldat recevait au Vatican la bénédiction du Pape. Depuis quelque temps déjà, la pensée en avait germé dans le cœur du jeune homme. En chrétien fort et éclairé, M. Dugas ne pouvait être qu'heureux d'une telle vocation; mais, père plein de vigilance et d'esprit pratique autant que de foi, il avait voulu prendre toutes ses sûretés, réfléchir, prier le Saint-Esprit, demander au R. P. de Villefort, dont il estimait au plus haut point le coup d'œil et la sainteté, le secours de son conseil. La réponse du saint religieux fut encourageante, et la permission fut donnée :

« Si l'occasion d'en venir aux mains avec les ennemis « du Saint-Père se présente, je compte, mon cher enfant, « que tu ne faibliras pas et que tu rempliras vaillamment « ton devoir, coûte que coûte..... Que la grâce du Seigneur « Jésus, ton divin capitaine, accompagne tous tes pas, avec « la bénédiction que je te donne du fond de mon cœur, au « nom du Père, du Fils et du Saint-Esprit. »

Tels étaient les derniers mots des recommandations admirables que ce père remettait par écrit à son fils au moment du départ. Bien digne de celui dont elle partageait la vie, la mère s'associait généreusement, quoique non sans larmes, au consentement paternel :

« Je te bénis, mon fils bien-aimé, et n'ai rien à ajouter « aux sublimes pages de ton père ; il m'a lu ses recommandations, et mon cœur s'est élevé vers Dieu avec une reconnaissance infinie. Quel père tu as, mon enfant !... Et « cette vocation, qui t'éloigne de nous, malgré un moment « de vive douleur, sera, je le crois, une grâce immense..... « Je te baise tendrement, et je prie la meilleure de toutes « les mères de te bénir pour moi..... »

Ainsi que l'écrivait M. Louis Veuillot, en félicitant l'heureux père :

« Rien ne sera plus beau, rien ne sera si beau dans l'histoire de notre temps que cette magnanimité maternelle « des femmes chrétiennes. Nous assistons à de formidables « infamies ; mais Dieu veut qu'en même temps Marie « trouve de vraies imitatrices, et nous serons plus que « consolés..... »

VII

PÈLERINAGES A ROME EN 1861 ET 1862. — MORT DE SA FILLE, 23 JUIN 1862. — MORT DE MADAME DUGAS, 6 MARS 1866. — COMMENT IL ACCEPTA ET PORTA LA CROIX.

Le père était attaché désormais à saint Pierre autant que le chrétien. Au commencement du carême 1861, il partait pour Rome avec Mme Dugas, son plus jeune fils et l'un de ses neveux. Il fallut aller chercher le zouave à Anagni, où la plus grande partie du bataillon, après une courte campagne dans les montagnes de la Sabine, et un hardi coup de main exécuté contre les brigands garibaldiens à Ponte Corese, venait de prendre ses quartiers d'hiver. On eut le plaisir de voir la petite troupe à l'œuvre; non pas au feu, mais aux premières prises avec un ennemi à la fois plus prosaïque et plus redoutable, avec cette vie de garnison, de manœuvres, d'attente, qui allait être la grande et longue épreuve de ces jeunes et braves cœurs.

Le lieutenant-colonel de Becdelièvre était relevé, à ce moment même, pour des raisons qu'il ne nous appartient pas d'apprécier, du commandement de ce bataillon qu'il avait formé, conduit héroïquement au combat, et qu'il était en train de réorganiser avec une activité sans égale. Surtout pour les anciens de Castelfidardo ce départ était une rude épreuve. On sut y résister. Le colonel était remplacé par le colonel Allet, déjà vieilli au service du Pape, comme un vieux Suisse qu'il était, bon et paternel autant qu'intrépide ; le capitaine de Charette était nommé commandant.

P. Dugas eut la consolation de voir son fils persévérer joyeusement sous ses nouveaux chefs et gagner même en peu de mois ses galons de sergent. Aucune joie ne lui manquait : audience privée du Saint-Père, palme reçue de sa main le dimanche des Rameaux : quels dons et quels souvenirs !

Il eut enfin l'honneur d'être admis avec les siens et plusieurs autres familles françaises, auprès de LL. MM. le Roi et la Reine de Naples. Le siége de Gaëte venait d'avoir le dénouement que l'on sait, et la Papauté, toujours hospitalière, avait accueilli en son palais du Quirinal les royales victimes de ce brigandage sans nom. Le jeune roi semblait triste et soucieux : on l'eût été à moins. M. Dugas lui dit en lui présentant ses hommages de monarchiste et de Français, que la cause de la monarchie légitime étant étroitement unie à celle du Pape dans la persécution présente, les catholiques et les royalistes gardaient le ferme espoir de voir les deux causes se relever ensemble. Sa Majesté répondit d'une manière un peu brusque, mais très-noblement : « Je vous remercie des sentiments et des espé-
« rances que vous m'exprimez, mais la cause du Pape est
« sacrée et garantie par la parole divine : la mienne, Mon-
« sieur, ne peut se glorifier de semblables promesses. »

Malgré le serrement de cœur inséparable de tout adieu à Rome, le retour en France fut plein de charmes. La mer était tranquille comme un lac, le ciel splendide, et par surcroît de délices et d'allégresse, Mgr Bastide, dont on venait de faire l'intime connaissance, était l'un des compagnons de route. C'est assez expliquer, pour qui a connu l'aimable prélat, combien la traversée fut joyeuse.

De tous les pèlerinages de Rome que P. Dugas devait

faire, le pèlerinage de 1861 fut, sans contredit, le plus heureux. Sa famille était encore au complet, et nul pressentiment de tristesse n'assombrissait l'avenir.

A Lyon, cependant, le mouvement en faveur du Pape ne s'était point ralenti. Déjà une grande loterie organisée par la haute société romaine au mois de décembre précédent, avait ouvert bien des bourses sans les épuiser. P. Dugas, pour son compte, avait placé en moins de deux mois plus de vingt mille billets dans la ville et la banlieue, les répandant de préférence dans les ateliers et les faubourgs. Fallait-il s'arrêter en si bonne voie? Le mandement du carême de Son Eminence le cardinal-archevêque venait d'établir une quête pour le Pape dans toutes les églises du diocèse, le dimanche des Rameaux et le dimanche de la solennité de saint Pierre.

Contrairement à certaines craintes, la première de ces quêtes, à elle seule, s'était élevée dans la ville plus haut que les quêtes à domicile de l'année précédente: 150,000 francs furent versés dans la caisse de M. Dugas. Des dons extraordinaires et étrangers à ces quêtes des églises vinrent encore augmenter le trésor. Beaucoup arrivaient en nature : bijoux, objets d'art, et jusqu'à des boucles d'argent dont de pauvres prêtres italiens (réfugiés en France) avaient dépouillé leurs chaussures. Autant de lots pour une future loterie.

Bientôt 300,000 francs, provenant du seul Denier de Saint-Pierre de la ville de Lyon, étaient remis à Sa Sainteté. Certaines gens trouvaient que c'était beaucoup, que cette prodigalité était mal placée, et qu'il eût été bien plus chrétien de la réserver pour les ouvriers sans travail. Mais comment se laisser prendre à ces doléances d'Iscariotes? Comme si les bourses qui donnaient le plus au Pape n'étaient pas les mêmes qui donnaient le plus aux pauvres! comme si le Pape lui-même ne s'était pas imposé d'expédier à son tour plus de 32,000 francs aux ouvriere lyonnais? Aussi bien, sans aucun préjudice des ouvriers pauvres, l'affluence des dons en nature pour le Pape ne discontinuait point. Recommençant donc l'épreuve qui avait si bien réussi une première fois, Rome organisait une nouvelle loterie, et voulait en faire une œuvre encore plus universelle et catholique. Des lots étaient attendus de toutes les parties du monde; on fit appel à la fabrique lyonnaise, et elle tint à honneur de se montrer généreuse et digne de sa réputation. De riches étoffes d'or, de velours, de soie furent tissées tout exprès pour la loterie.

Cela se passait au printemps de 1862. Rome se préparait, malgré les tristesses du temps, à célébrer par de grandes pompes la canonisation des martyrs Japonais, et Pie IX, supérieur à toutes les craintes humaines, avait invité le monde entier à la fête et convoqué autour de lui tous les évêques de la catholicité. Les évêques répondaient à l'appel, et beaucoup de prêtres et de fidèles suivaient les pas de leurs pasteurs. Prosper Dugas était trop amoureux de Rome pour manquer un tel rendez-vous. Depuis plusieurs mois, il était décidé qu'il partirait avec quelques amis, et que l'on profiterait de l'occasion pour présenter au Pape les plus belles offrandes de la ville de Lyon. « A « moins (écrivait-il le 11 mai à M. l'abbé Louis) qu'il ne « plaise au bon Dieu de jeter un bâton dans mes roues! « Que sa volonté se fasse et que son règne arrive, c'est là « tout ce que je demande. »

Cette restriction n'était point de trop. La santé de sa fille, mariée depuis deux ans et mère depuis quelques mois, surabondante jusque-là de vie et d'éclat, avait commencé subitement à s'altérer. Son mariage même ne l'avait jamais éloignée de ses parents dont elle était le charme et le sourire, et la vie ne lui avait encore ouvert que des sentiers faciles et fleuris. Douce, simple, avenante, pieuse, d'un caractère égal autant qu'énergique, d'une gaîté franche et communicative, elle était en beaucoup de points le portrait vivant de son père, et Dieu sait comme elle en était aimée! Sa maladie troublait toutes les joies, suspendait tous les projets. La Providence permit cependant qu'un mieux se fît sentir. On se rattacha à cette espérance avec toute l'ardeur de la tendresse : ce n'était qu'un répit du mal, le répit nécessaire pour laisser au père le temps d'aller puiser à leur meilleure source des bénédictions et des forces. Il partit à la dernière heure, le 2 juin, sept jours à peine avant la grande fête de la canonisation.

L'*Aunis*, sur lequel il s'embarqua, avait à bord trois cardinaux : Mgr de Bonald, Mgr Donnet et Mgr de Schwartzemberg, archevêque de Prague, de nombreux évêques et une foule de fidèles de tous pays. Comme l'a écrit Louis Veuillot racontant les départs de cette époque, les bateaux qui emmenaient alors les pèlerins étaient des églises flottantes où régnaient la joie et la paix, où l'on parlait toutes les langues, sauf celles de Babel. Les démonstrations du pèlerinage de 1854 se renouvelèrent plus éclatantes encore, et avec les détails les plus touchants. Au départ, qui eut lieu à dix heures du soir, une grande foule, massée sur les jetées du port, éclairée par d'incessantes flammes de Bengale, salua le navire d'acclamations enthousiastes : « Vive Pie IX! vivent les évêques! » Réunis sur le pont, et la tête découverte, les pèlerins avaient répondu en agitant leurs mouchoirs : « Vive le Pape-Roi! vive Marseille! » lorsqu'une voix, s'élevant de leurs rangs, entonna le *Magnificat*.

Les Marseillais ont entendu et compris, et au milieu d'un tonnerre d'applaudissements, ils reprennent le second verset. Les partants répondent par le troisième, et ainsi, tant que les voix purent s'entendre, le double chœur de la terre et de la mer poursuivit son chant alterné. Durant toute la traversée, qui fut favorisée par un beau temps, ce furent des scènes semblables d'actions de grâces et de pieuses émotions. On avait dressé une estrade et comme une tente d'honneur sur la dunette, les évêques y prirent place, et après que le cardinal de Bordeaux eut parlé, tous ensemble donnèrent leur bénédiction aux heureux passagers. Bientôt après, à la vue des terres pontificales, on entonnait le *Te Deum*, et le bruit des canons, saluant les trois princes de l'Église que l'*Aunis* avait à son bord, contribua à rendre solennelle et émouvante l'entrée dans le port de Civita Vecchia.

Par une faveur inespérée, les délégués de la commission lyonnaise étaient invités dès le lendemain de leur arrivée à Rome à présenter au Pape les lots dont ils étaient porteurs. On étala ces dons dans la bibliothèque particulière de Pie IX :

« Pendant que nous étions là, mes deux fils, mes deux « amis et moi, rapportent les notes de Prosper Dugas, dans « l'attente de l'un des plus solennels moments de notre « vie, un violent orage éclatait au dehors et faisait trem- « bler toutes les vitres du Vatican. Nos regards se por- « taient tantôt sur les collines romaines embrasées par les « éclairs, tantôt sur l'intérieur de ce paisible sanctuaire, « honoré par le travail quotidien du vicaire de Jésus- « Christ. Nous étions vraiment dans cette arche sainte qui « monte sur les grandes eaux et résiste à la fureur des tem- « pêtes. Tout à coup une porte s'ouvre, et nous nous « trouvons en présence de la plus auguste figure qui soit « sous le soleil. Voilà mes bons Lyonnais, a dit le Pape en « nous tendant les bras. Nous nous sommes jetés à ses « pieds, et nous les avons baisés. Le Saint-Père nous a « relevés, et voyant les riches étoffes que nous avions dé- « posées sur tous les meubles, Il a daigné nous exprimer « sa reconnaissance dans les termes les plus chaleureux.

« Puis, Il a voulu examiner dans tous ses détails notre « exposition improvisée ; Il nous a questionnés sur la si- « tuation des ouvriers, a beaucoup admiré la variété et « l'harmonie des nuances, la finesse des tissus, et a jeté les « yeux avec une aimable complaisance sur la liste des do- « nateurs. Au milieu des soieries étaient empilées plusieurs « douzaines de beaux foulards : « Ah ! dit Pie IX en les « voyant, voilà qui va à mon usage personnel ! moi, qui « suis un priseur, je me les approprie, et j'en tiendrai « compte à la loterie, ou, de ce qui restera, je ferai une « boutique, et j'irai débiter mon petit commerce sur le « pont Saint-Ange. »

« Après cette exploration, où nous avions le bonheur de « suivre pas à pas le Saint-Père, et de contempler sa se- « reine et radieuse figure, nous nous jetâmes de nouveau « à genoux, et M. B... lui remit une somme provenant « d'une collecte faite dans une réunion intime : « Eh quoi ! « dit le bon Pie IX, c'est moi qui devrais payer la mar- « chandise, et vous me donnez tout à la fois la marchandise « et l'argent ! Cela ne peut se passer ainsi, et je ne veux « pas que vous vous retiriez les mains vides. » Et passant « un moment dans la chambre voisine, il nous rapporta à « chacun un camée richement monté dont il nous fit « présent..... Puis après nous avoir bénis avec nos familles « et tous les donateurs, le Saint-Père nous quitta, et nous « nous disions les uns aux autres, comme les disciples « d'Emmaüs : N'est-il pas vrai que nous sentions nos « cœurs embrasés tandis qu'il nous parlait ?.... »

En même temps que les fêtes de la foi, Rome prodiguait alors les fêtes de l'esprit, du cœur et des yeux. Le grand acte de la canonisation dans la basilique de Saint-Pierre, la prédication de l'évêque de Tulle au Chemin de la croix du Colisée, la revue de l'armée pontificale présidée par le Pape au camp des Prétoriens..... Ce fut pendant huit jours un festin perpétuel dont aucun convive ne se rassasiait. Prosper Dugas, pour sa part, n'en perdit pas une miette. Il revoyait aussi avec bonheur ses meilleures connaissances de Rome, Mgr Bastide, le R. P. Jandel, le P. de Villefort, le général des Carmes. Mgr de Mérode, Mgr Lacroix, Mgr Nardi, M. de Charette; puis ceux qui étaient là pélerins comme lui, Mgr Plantier, L. Veuillot, le P. Hermann et tant d'autres vaillants d'Israël.

Hélas ! les nouvelles qui lui arrivaient de sa fille répandaient une ombre douloureuse sur tous ces spectacles et toutes ces joies !

Une dernière dépêche lui jeta la mort dans l'âme. Dès le jeudi de la Pentecôte, il quittait Rome. En faisant ses adieux à la Confession de Saint-Pierre, il couvrit la balustrade de ses larmes. Il ne l'avoua que plus tard ; mais il avait compris dès ce moment que c'en était fait, que Dieu lui demandait le sacrifice de son enfant bien-aimée, et il avait voulu dire résolûment son *Fiat* avant de s'éloigner des cendres des saints Apôtres.

Le *Quirinal* qui le ramena portait trente-huit évêques et près de trois cents prêtres ou pèlerins. Sans l'angoisse qui oppressait le cœur du père, cette traversée du retour eût laissé d'aussi doux souvenirs que ceux de l'arrivée par ses conversations, ses prières et ses chants pieux. Voici les dernières lignes des notes trop courtes que nous avons retrouvées sur ce voyage :

« Impossible d'entendre rien de plus imposant que le « *Credo* chanté en pleine mer par toutes ces voix fran- « çaises, allemandes, hollandaises, anglaises, dans cette « belle langue latine comprise de tous et exprimant mer- « veilleusement la foi commune de ces peuples divers. « L'émotion était à son comble et se traduisit spontané- « ment aux approches du port de Marseille par le beau « chant d'amour du Roi-Prophète : *Ecce quam bonum et*

« *quam jucundum*..... Ce fut comme le bouquet d'adieu de « tous ces pèlerins qui allaient se quitter, la plupart pour « ne plus se revoir qu'au rendez-vous de l'éternelle Patrie. »

Des nouvelles plus alarmantes que jamais l'attendaient à Marseille. Il rentra dans cette maison de Champvert, où déjà il avait vu mourir son père et une de ses sœurs, l'âme déchirée, mais toujours plus fort que sa douleur. Sa chère malade avait reçu l'Extrême-Onction deux jours avant, cordialement et presque souriante, comme elle était accoutumée à recevoir toutes les visites du bon Dieu. Pendant une semaine encore, condamnée à souffrir les remèdes les plus pénibles, elle édifia par sa piété et son angélique patience son jeune mari éploré, sa mère, son père, tous ceux qui l'entouraient et la soignaient! Son frère aîné, qu'on avait laissé à Rome au bataillon, dans l'espérance que le danger n'était pas imminent, eut le temps d'arriver pour embrasser sa sœur. On lui présenta ensuite son petit garçon de six mois, qu'elle allait sitôt abandonner, et qui lui coûtait en partie la vie, afin qu'une suprême bénédiction maternelle portât bonheur à son avenir. Le 21 juin, fête de saint Louis de Gonzague, elle recevait sa dernière communion, et le 23, lundi, dans l'Octave du Saint-Sacrement, entre six et sept heures du soir, après quelques moments bien durs de délire et d'agonie, elle remettait entre les mains de Dieu son âme rayonnante et toute pure. Elle avait un peu plus de vingt-deux ans.

Dès qu'elle eut passé, alors que la famille était encore à genoux au pied du lit funèbre, le courageux et admirable père récita le *Magnificat* d'une voix qui voulait être ferme, mais qu'interrompaient les sanglots, pour remercier la Sainte Vierge d'avoir épargné une lutte plus longue à la chère mourante.

Mieux que nos récits, ses propres paroles montreront dans quel esprit il acceptait sa croix. A l'heure même du sacrifice, il écrivait la lettre suivante à une ancienne amie de la famille qui avait partagé avec la mère la consolation et le soin d'élever cette âme prédestinée, et qu'il aimait à appeler la seconde mère de sa fille :

« *Champvert, ce 23 juin, 2 heures.*

« Très-chère Mademoiselle, merci de votre excellente « lettre. Les nouvelles que j'ai à vous donner en réponse « sont bien tristes et bien consolantes : bien tristes, « puisque depuis trente-six heures notre pauvre enfant est « entre la vie et la mort, et que très-probablement elle aura « rendu le dernier soupir quand ces lignes vous arrive- « ront ; bien consolantes, car, tout en lui cachant les hor- « reurs de la mort, le bon Dieu l'entretient dans une dis- « position de conformité à sa volonté, de patience et de « quiétude qui font l'admiration de son confesseur, le « P. de J... — Que Dieu soit béni de tout et par tous ! Et « soyez bénie vous aussi, chère Mademoiselle, qui avez si « bien travaillé à la culture de cette belle âme !

« Tout à vous en Jésus et Marie au pied de la croix.

« P. D. »

« *6 heures 3/4.*

« Le sacrifice est consommé ! Notre chère enfant vient « de rendre son âme à Dieu, sans que rien ait troublé sa « paix. Gloire à Dieu ! »

Il écrivait encore à la même personne, quelques jours plus tard :

« En quels termes vous dire, chère Mademoiselle, le bien « que nous ont fait vos lettres successives, et les douces

« larmes qu'elles m'ont fait répandre? Je savais bien que
« vous aimiez notre chère enfant; je savais bien que vous
« nous aimiez aussi; mais je ne savais pas jusqu'à quel
« degré d'onction peuvent aller les accents dictés, comme
« les vôtres, par le cœur et la foi. Merci donc de vos con-
« solations! Merci de votre union de prières avec nous!
« Tâchons les uns et les autres de mettre à profit les le-
« çons que nous donnent nos heureux devanciers de la
« mort, de manière à ce que nous nous trouvions tous en-
« semble au terme. N'est-ce pas là l'unique chose néces-
« saire? Et qu'importent, en définitive, quelques années
« de plus ou de moins passées sur cette terre d'exil? La
« paix et la sérénité qui ont accompagné notre chère en-
« fant jusqu'à son dernier soupir, et qui nous laissent dans
« une confiance entière sur son sort éternel, les témoi-
« gnages incroyables d'intérêt et de sympathie que nous
« recevons de tous côtés, contribueront beaucoup à tem-
« pérer l'amerture du calice, à alléger notre douleur.....
« Comment ne pas bénir la main de Dieu qui se montre
« si miséricordieux dans l'épreuve?.... Vive Jésus qui ne
« meurt pas, Jésus en qui seul est le salut et la vie, et en
« qui soit jusqu'à la fin le lien de notre amitié ! »

Cette énergie et cette foi des premiers jours ne se démentirent point. Elles lui étaient deux fois nécessaires, et pour triompher de sa propre tristesse, et pour soutenir la pauvre mère dont les derniers jours heureux avaient été emportés avec sa fille, et qui avait reçu avec le coup fatal comme le germe de la mort. Désormais, jusqu'à ce que le bon Dieu lui retire aussi la compagne de sa douleur, il va être le consolateur, l'appui, en quelque façon l'ange visible de cette vie épuisée avant le temps pour la terre et constamment poussée à chercher dans le ciel ses souvenirs aussi bien que ses espérances. Que de pleurs il eut à refouler, que de fois il dut faire riant visage malgré le poignard intime qui le perçait, pour ne pas augmenter par ses larmes celles qui coulaient près de lui!

Beaucoup de ceux qui l'approchaient pour les affaires et les œuvres ne se doutèrent jamais de ce qu'il souffrait alors au fond de l'âme, l'activité si pleine de sa vie n'ayant pas plus subi d'altération que son esprit et l'aménité de son humeur. Ce qui a fait dire à l'un de ses amis ce mot très-vrai que, « bien loin d'avoir été vides et stériles, les années qui s'écoulèrent de la mort de sa fille à sa propre mort furent pour lui la saison de la plus abondante moisson ». Quelles gerbes de mérites ne recueille pas, en effet, un chrétien qui accepte les épines de Jésus avec le même front tranquille et serein que les prospérités et les fleurs !

Il faut tout dire : à côté de la blessure, Dieu avait placé le remède. M. Dugas avait obtenu le privilége de conserver le Saint-Sacrement, pendant les mois où il habitait la campagne, dans l'oratoire domestique qu'avait établi son père. Nul ne pouvait plus que lui estimer le bienfait d'une telle grâce, et retirer de plus saints profits d'une pareille possession. *Qui habet Jesum, habet omnia.* Son foyer, dès ce jour, prit à ses yeux un aspect nouveau, et offrit à son cœur un charme de plus, que l'habitude ne put jamais affaiblir. Tous les matins, avant de gagner ses occupations de la ville, ses premiers moments se passaient aux pieds de son hôte divin ; au retour, la première visite était pour le tabernacle ; le soir, c'était le lieu qui réunissait toute la famille, et le père ne cédait à personne l'honneur de réciter à haute voix la prière, précédée quelquefois d'une lecture de piété ou de la récitation du chapelet Le Souverain Pontife avait daigné enrichir la chapelle de plusieurs indulgences. La note de ces faveurs et les plumes qui les avaient signées, religieusement encadrées et conservées, n'étaient pas les moindres ornements de l'humble sanctuaire.

Chaque vendredi, un Père Carme venait y dire la messe.

C'est ainsi que le P. Hermann et tant d'autres de ses frères étaient devenus des familiers de la maison, y apportant le bon parfum du Carmel et de sainte Thérèse. Faut-il le dire? On eut aussi quelquefois pour officiant le malheureux P. Hyacinthe, dont le nom avant de devenir célèbre à Paris commençait à être connu à Lyon, dont les audaces faisaient déjà trembler quelques amis, mais dont nul ne pouvait prévoir encore l'inqualifiable chute. D'autres Religieux de tout ordre, des prêtres de tous pays, des prélats de Rome, des évêques, quelques noms illustres comme missionnaires dans les contrées lointaines, voulurent bien accepter l'invitation de célébrer le saint sacrifice dans la modeste chapelle. En tout cela, rien qui ressemblât à une dévotion d'ostentation. A qui était capable parmi ses visiteurs de comprendre le prix du trésor, il savait en indiquer discrètement l'accès; mais, obligé de recevoir des hommes de toute opinion, des protestants quelquefois, il se serait fait scrupule de rien imposer à personne; et, si vive qu'elle fût, sa foi ne lui fit jamais froisser en quoi que ce soit ce qu'on appelle les convenances du monde. Il avait trouvé, au dire d'un ami, le moyen de réaliser ce qui paraissait impossible à saint Paul : « *Plaire aux hommes sans déplaire à Dieu.* »

Son pieux privilége ne l'empêchait pas non plus de donner l'exemple de la fidélité à la paroisse. Il n'était pas rare de l'y voir à la messe la plus matinale, sans préjudice de la messe plus tardive qui devait être dite dans sa chapelle pour sa famille et les amis du voisinage, tant il eût craint de manquer par son absence au devoir de l'édification commune. L'un des jours des Rogations, l'un des dimanches de la Fête-Dieu, c'était la paroisse elle-même qui venait en procession dans le jardin, et en parcourait les avenues. Quelle fête pour l'heureux propriétaire!

Madame Dugas n'avait pas reçu avec moins de bonheur

que son mari, cette grâce de la présence continue de Jésus-Christ auprès d'elle. C'était une des raisons qui, dans les dernières années, lui faisaient aimer à prolonger jusqu'au milieu de décembre son séjour à la campagne. Surtout dans ces journées plus calmes et plus solitaires de l'automne, ses assiduités au pied du tabernacle étaient devenues presque excessives. On a retrouvé dans ses papiers, après sa mort, un règlement de vie qui témoigne qu'elle y passait presque la moitié du jour. Mais le froid et l'humidité qu'il lui fallait affronter pour arriver à la chapelle isolée au milieu du jardin et qui ne l'abandonnaient pas pendant le cours de la visite, contribuaient à développer en elle les germes du mal. Ajoutez à cela qu'à ses entretiens avec le ciel le souvenir de sa fille venant toujours se mêler, les larmes, si l'on peut ainsi dire, ne manquaient jamais de submerger sa prière, et d'user graduellement ses forces physiques.

Dans le courant de l'été 1865, la maladie semblait toucher à la période aiguë, et la poitrine était sérieusement menacée. Une courte saison aux eaux d'Aix-les-Bains ne fit qu'accroître la faiblesse et la toux. Les plus sombres pressentiments commencèrent à assiéger le cœur de M. Dugas : il voyait clairement que la mère allait prendre le même chemin que sa fille et qu'un miracle seul pouvait lui faire regagner le terrain perdu. « Redoublez de prières « à notre intention », écrivait-il à un ami (16 septembre). « Je n'en puis plus par moments et ne demande à Dieu que « de pouvoir lui dire : *Paratum cor meum, Deus !* »

Cette année 1865 apportait cependant une grande consolation aux pieux parents. Leur second fils allait entrer au Séminaire français de Rome et revêtir la soutane. Tous deux avaient trop désiré et demandé qu'un pareil honneur fût fait à leur famille, pour venir au dernier moment opposer des objections à l'appel décisif. Dieu parut vouloir récompenser la générosité de leur foi. Malgré le brisement de cœur inséparable du sacrifice, Mme Dugas éprouva une sensible amélioration, et on se reprit tout de bon à espérer. Dans ces circonstances un hiver passé à Rome ne serait-il pas à la fois, et pour le cœur et pour la santé de la mère, le meilleur reconfort ? On le crut un moment, et il est aisé de comprendre avec quel bonheur cette perspective fut caressée. Hélas ! l'espoir qu'on avait conçu ne fut qu'une lueur passagère : le mal poursuivait son œuvre latente. Tout en exigeant un climat plus chaud, l'état de faiblesse de la malade ne lui permettait plus d'affronter les fatigues d'un long voyage. Les médecins conseillèrent Nice. Ce ne fut pas sans perplexité, sans avoir invoqué avec instances les lumières du Saint-Esprit, son grand refuge dans les heures difficiles, que P. Dugas se décida au départ. N'était-ce pas courir une dangereuse aventure ? Les bienfaits possibles du soleil du Midi, forcément atténués par les fatigues de la route et les ennuis d'une installation lointaine, compenseraient-ils les biens certains que l'on devrait quitter, la paix du chez-soi, l'entourage des siens, le voisinage de la petite chapelle et du bon Dieu ?

Mais son grand esprit de foi reprenant aussitôt le dessus. « Après tout, écrivait-il à son fils à Rome, ce que médecin « veut, Dieu le veut, et ce que Dieu veut ne doit-il pas « être l'unique souci, l'unique plaisir, l'unique but du « chrétien ?... Cette vie n'est qu'un passage, ce monde n'est « qu'une terre d'exil. Faut-il donc nous plaindre si le bon « Dieu nous fait prendre le chemin qu'il a suivi lui-« même, et la croix n'est-elle pas le salut, la vie et notre « unique espérance ? »

Ils partirent au milieu de décembre, avec leur petit-fils, le cœur de la mère gardant ce dernier espoir que Nice ne serait qu'une étape vers Rome. Celui qui dispose de tout pensait autrement. Le bon air, le soleil, le repos, tout fut impuissant à arrêter le progrès du mal. Dès lors commença pour M. Dugas ce qu'il appelait son chemin de la croix. Loin de ses affaires, de ses relations, de toutes les œuvres qui étaient à Lyon son pain de chaque jour et de chaque instant, de quel poids n'était pas pour lui cette existence monotone, vide, désœuvrée, d'une ville de malades ou de plaisirs tout mondains, à laquelle ses habitudes et ses goûts le rendaient si totalement étranger? Et pour toute distraction les tortures de son âme et des soins pleins de tristesse à donner nuit et jour ! A peine osa-t-il s'éloigner une seule fois, pour aller inspecter sa banque qui réclamait l'œil du maître. Lorsqu'il revint après moins d'une semaine, il ne put que constater de nouveaux ravages. A la fin de janvier, une vive alerte lui fit croire à un péril très-prochain, et il se hâta d'appeler auprès de lui, se demandant s'ils arriveraient à temps, ses deux fils et les sœurs de sa femme. Ce n'était point encore la dernière crise. Pour enrichir les couronnes et de la mourante et de celui dont elle avait charmé la vie, Dieu voulait prolonger l'épreuve, la plus cruelle de toutes, celle de voir mourir ce qu'on aime, d'une maladie lente comme une maladie de langueur, et douloureuse comme ces violentes attaques qui abrégent du moins les supplices qu'elles infligent.

Le vaillant chrétien acheva donc de gravir courageusement son calvaire. Nous avons sous les yeux les lettres quotidiennes adressées par lui dans ces derniers jours d'angoisses à son fils aîné, qui, marié depuis dix-huit mois, avait dû, après une courte station auprès de sa mère, retourner vers sa jeune femme dont on attendait de jour en jour les premières couches. Ce sont autant d'héroïques témoignages de foi, de douleur résignée, d'acquiescement absolu à la volonté de Dieu. En même temps, il entretenait une correspondance non moins assidue avec le centre de ses affaires, et gardant toujours son entière liberté d'esprit. A quelles sources puisait-il ces forces? On le devine sans peine. Chaque matin, suivant son habitude, il entendait la messe et recevait presque chaque fois la communion : muni ainsi d'avance pour toutes les éventualités de la journée. Toutes les fois que l'on portait le saint Viatique à sa chère malade, il était là, un cierge à la main, accompagnant le Saint-Sacrement de la paroisse à la maison et de la maison à la paroisse. Les heures qu'il ne consacrait pas à la prière, est-il besoin de dire à qui il les donnait ? La diminution des forces et les souffrances qui allaient croissant n'avaient altéré chez Mme Dugas ni la lucidité de la pensée, ni l'abandon du cœur. De tristes et douces causeries pouvaient encore se tenir, soit auprès de son lit, soit auprès de son fauteuil, car, jusqu'à l'avant-veille de sa mort, elle put se lever, et régulièrement tous les jours son mari, son fils, ou l'une de ses sœurs, lui faisaient une petite lecture pieuse, tirée surtout de l'*Imitation de Jésus-Christ,* son livre préféré.

Restait un dernier point qui préoccupait beaucoup la conscience de M. Dugas. Il voyait depuis longtemps sans illusion que le dénouement n'était plus qu'une question de jours, et il ne se sentait pas tranquille tant que l'Extrême-Onction n'aurait pas été reçue. Il ne voulait pourtant rien brusquer. Mme Dugas ne se doutait point de la gravité de son état, elle faisait encore des projets pour l'avenir, et la délicatesse de son âme lui avait toujours fait redouter vivement les tentations de la mort et les jugements de Dieu.

Le médecin, de son côté, tout homme de foi qu'il était, craignait qu'on ne portât une atteinte hâtive à cette sérénité morale, qu'il regardait comme l'un des éléments principaux de la prolongation de la vie. On se décida à faire venir de Lyon le Père P..., son confesseur ordinaire, qui réglerait toutes choses. Le Père accourut, fut accueilli avec bonheur, et, dès le second entretien, il fit accepter sans aucun trouble la pensée de l'Extrême-Onction. Le jour de la cérémonie, 26 février, fut presque un jour de fête pour la sainte malade. Pendant les quelques jours qu'elle survécut encore, elle aimait à parler des sentiments de joie que Notre-Seigneur lui avait fait goûter dans ce sacrement suprême. Toute crainte de la mort avait disparu.

Cependant le mois de mars avait redoublé les alarmes et avait amené tous les symptômes d'une fin imminente. Voici quelques fragments de la lettre que P. Dugas écrivait la veille de la mort à son fils aîné :

« *Nice, 3 mars.*

« Ma dépêche de ce matin t'aura appris où nous en « sommes, mon cher Laurent. Ta pauvre mère me paraît « décliner beaucoup, sans que nous puissions prévoir jus- « qu'à quand cela durera. La bonne Sœur qui l'a veillée « dit qu'elle a divagué une ou deux fois cette nuit : ce « n'est pas étonnant quand on ne dort pas du tout ; mais « sa tête demeure très-saine, très lucide; seulement elle ne « fait plus de projets, elle ne voit plus loin devant elle, et « nous en remercions Dieu, car tout en ayant le sentiment « qu'elle est bien malade, elle ne manifeste aucune inquié- « tude sur l'issue de sa maladie. Oh! comme le P. P... « est donc venu à point! Je ne crois pas qu'elle puisse être « plus prête qu'elle n'est. Et moi aussi, mon cher fils, « j'éprouve un immense chagrin de ne pas t'avoir auprès « de nous. Mais puisque le bon Dieu a voulu, dans l'é- « preuve qu'il nous envoie, ajouter sacrifices sur sacri- « fices, pouvons-nous douter que ce soit pour le plus grand « bien de ta mère et pour le nôtre aussi à nous? Acceptons « avec courage et amour le calice qu'il nous présente, au- « quel ses lèvres ont bu avant nous, et dont sa miséricor-

« dieuse compatissance saura bien nous adoucir l'a-
« mertume..... «

Oui, par la miséricorde divine, l'amertume du calice fut adoucie, et il n'y eut point de dernier combat. Dans la soirée de ce même jour, samedi 3 mars, Mme Dugas était restée seule assez longuement avec l'excellent Père Oblat qu'elle avait pris pour confesseur depuis son arrivée à Nice; et celui-ci, craignant de ne plus la retrouver en ce monde, lui avait donné toutes les indulgences des mourants. La nuit, cependant, s'était passée sans offrir aucun indice d'une catastrophe imminente, lorsque, le dimanche matin, au retour de la messe et de la communion, M. Dugas comprit à la faiblesse du pouls et à l'oppression croissante de la poitrine que l'on touchait aux derniers instants. La mourante elle-même le comprenait ainsi. « Le bon Dieu, dit-elle d'une voix encore assez forte, veut « que je souffre beaucoup : que sa sainte volonté s'accom- « plisse !.... Je vois que je vais mourir. Appelez bien vite « mon confesseur, je veux le revoir..... Mon Dieu, je vous « offre mes souffrances, pardonnez-moi mes fautes ; je « remets tout entre vos mains : mon âme, mon mari, mes « enfants, mon petit-fils, mes sœurs.... Je fais le sacrifice de « tout ; je meurs dans la religion catholique, apostolique « et romaine. Pourquoi s'affliger ? N'est-ce pas le plus « grand bonheur que d'aller voir son Dieu ! »

Et elle bénit tout son monde, les présents et les absents.

Moins d'une demi-heure après, pendant que Prosper Dugas lui-même récitait, suffoqué par les sanglots, les prières de la recommandation de l'âme, la malade entendant tout et s'unissant aux prières, le curé de la paroisse entrait dans la chambre : on n'avait pas eu le temps de prévenir son confesseur habituel. Sa figure s'éclaira à la vue du prêtre; vraiment elle n'attendait plus que lui pour mourir. Elle voulut le voir seule quelques instants, et il n'y avait pas cinq minutes que sa famille et ses domestiques étaient de nouveau à genoux autour de son lit, achevant les prières des mourants, qu'elle s'endormait du dernier sommeil, sans l'ombre d'une terreur et sans aucune contraction de l'agonie.

Il était dix heures du matin.

Moins occupé de sa propre douleur que de celle de ses enfants, Prosper Dugas se hâtait d'écrire à son pauvre fils, qui n'avait pas eu la consolation de revoir sa mère au moment du grand départ :

« Que te dire pour te remonter, mon pauvre Laurent, si
« ce n'est que ta mère a rendu son âme à Dieu aussi sain-
« tement, aussi doucement que possible, dans la plénitude
« de ses facultés, voyant parfaitement venir la mort, sans
« trouble, sans agonie, bénissant ses enfants et son petit-
« fils, répondant à toutes les prières jusqu'à la dernière
« minute, faisant acte d'union à l'Église catholique, apos-
« tolique, romaine, se confessant avec toute sa tête trois
« minutes avant le dernier soupir ? J'ai vu déjà, hélas !
« bien des morts : ma sœur, mon père, ma mère, ma chère
« fille; mais je n'ai jamais rien vu de pareil. Non, ce n'est
« point la mort que cela : c'est le sommeil avec le réveil
« dans la bienheureuse éternité. Oh! que Dieu est bon, lors
« même qu'il éprouve ! *Bene omnia fecit*. Cette mort à
« Nice, loin d'une portion des siens et des lieux qu'elle
« aimait tant, et qui nous semble si poignante, m'apparaît
« au contraire aujourd'hui comme une grande grâce : elle
« a été pour ta mère la source d'une succession de déta-
« chements qui ont rendu douce et facile la dernière sépa-
« ration.... Amen, amen ! »

Deux jours après, il quittait avec les siens qui étaient accourus près de lui cette petite villa d'emprunt où il avait tant souffert, emmenant à Lyon les dépouilles de l'âme bien-aimée qu'il avait perdue. Il les fit déposer jusqu'au moment des funérailles dans l'église de Saint-Polycarpe, où tout lui rappelait le passé, les baptêmes de ses enfants et tant d'autres fêtes joyeuses ; et le jeudi 8 mars, il les réunissait à Loyasse à celles de ses deux filles, tandis que ces trois âmes se réunissaient auprès de Dieu.

Cette mort, en brisant une union qui lui avait donné vingt-sept ans d'un bonheur constant et sans nuage, n'eut pas cependant la triste conséquence de briser sa vie. L'amour obstiné de la volonté divine qui possédait souverainement son âme le laissait, comme à la mort de sa fille, résigné à vivre, content de souffrir, content de pouvoir travailler encore pour le ciel et pour l'Église de la terre, et s'il resta jusqu'au dernier jour fidèle à ses souvenirs, du moins il ne s'absorba pas dans sa douleur ni dans une réminiscence stérile de ses belles années disparues Il avait trop compris que ce ne serait là servir ni ses devancières de la mort, ni la famille qui lui restait, ni le bien de son âme, ni surtout les intérêts de Dieu. Certes, cette impassibilité apparente, si le mot n'est pas trop fort, lui coûtait plus qu'à beaucoup d'autres. Ceux qui l'ont connu plus intimement savent à quel point ce cœur si énergiquement trempé était en même temps tendre et sensible.

Il célébrera chaque année avec une sorte de culte religieux tous ses doux et déchirants anniversaires : il les passera à la Salette, à la Trappe des Dombes, toujours dans la solitude et dans le silence de l'âme ; il n'en parlera qu'avec émotion dans ses lettres, et après huit et neuf années écoulées, les mêmes larmes ardentes mouilleront ses paupières quand il ira presque chaque semaine s'agenouiller sur ces tombes aimées du cimetière de Loyasse.

Mais n'importe, il saura, quand il le faut, faire trêve à ces douloureux retours. Sans entrer ici dans plus de détails, les chapitres qui vont suivre achèveront de montrer tout à la fois et la délicate fidélité de ses affections et son activité bienfaisante.

VIII.

NOUVEAUX VOYAGES A ROME. — LE R. P. FREYD. — ENCORE LES ŒUVRES PONTIFICALES.— RÉSURRECTION DE L'*UNIVERS*. — CERCLE DU *SYLLABUS*.

Dès le lendemain de son deuil, M. Dugas avait résolu d'accompagner à Rome son second fils, que le devoir de sa vocation y rappelait. « J'ai besoin, écrivait-il, d'aller faire « panser mes plaies, et chercher force et lumière pour ma « nouvelle vie. »

Il partit, en effet, vers le 20 mars. L'approche des fêtes de Pâques amenait, comme toujours, une grande affluence de voyageurs, et Rome ne ressemblait en rien à cette ville morte dont certains politiques sonnaient déjà si bruyamment les funérailles. Cette foule d'étrangers, les cérémonies de la Semaine Sainte, les nombreuses visites qu'il avait à faire et à recevoir, tout cela était peu fait pour favoriser le recueillement que son âme eût été heureuse de trouver. C'était d'ailleurs à travers ses larmes qu'il revoyait cette Rome où il sentait revivre tant de souvenirs de ses premiers voyages, alors que son bonheur domestique était intact ! Mais d'inappréciables compensations lui étaient ménagées. Le mercredi saint, il communiait de la main du Pape à la Sixtine, et le lundi de Pâques, sans préjudice d'une grande audience publique qui devait avoir lieu le lendemain, il était reçu avec son fils en audience particulière. C'était dans cet humble cabinet de travail que tant de pèlerins connaissent. Cette audience fut longue, familière, remplie des plus consolantes effusions. Au récit de la mort si sereine de Mme Dugas, récit qu'il daigna écouter avec une attention toute paternelle, le Saint-Père s'écria : « Oh! alors, elle est au ciel, ou si elle n'y est pas encore, « nos prières l'y feront vite entrer. Oui, le ciel vaut mieux « que notre pauvre terre attristée, en ces temps surtout, « par tant de misères. »

Et comme Dugas avait ajouté que ses douleurs personnelles ne pesaient que d'un léger poids à côté des grandes épreuves de Sa Sainteté : « Eh! que voulez-vous, mon « fils, l'Église en ce monde souffre et combat; depuis son « origine, elle a lutté : c'est pourquoi on la nomme « l'Église militante. Le Pape commande la bataille. Je me « bats avec ma langue et avec ma plume. C'est là mon « épée, mes canons, mes fusils, toute mon artillerie. Nous « défendons la vérité : la vérité! elle est plus vieille que le « monde! Il y en a qui voudraient l'altérer, changer son « cours; mais nous la maintenons. » La signature de deux suppliques et la remise d'une somme assez ronde provenant de diverses œuvres lyonnaises amenèrent encore d'autres scènes et d'autres paroles pleines de charme et d'abandon.

« Que pouvais-je demander de plus? » écrivait M. Dugas la veille de son départ, « ce n'est pas que je n'aie versé « d'abondantes larmes : tout me parlait ici de celle que « j'ai perdue et qui aimait tant Rome, la confidente bien-« aimée de mes pensées et de mes émotions, celle pour « laquelle seule je vivais, je me hâtais et me soignais dans « mes voyages! Mais jamais non plus je n'avais goûté tant « de douceurs et tant de consolations dans les larmes. Elle « se repose de ses épreuves dans l'éternelle paix. Cette « suave pensée plane au-dessus de toutes mes tristesses, et

« qu'importent nos déchirements à côté de cela ! Il faudra « que je sois bien lâche si je ne rentre pas à Lyon armé de « courage pour affronter ma solitude. »

Il s'arrêta au retour quelques heures à Nice, où il éprouvait une envie irrésistible d'aller prier et pleurer dans cette petite villa Florès d'où l'âme de sa chère défunte avait pris son vol vers l'éternité. Au milieu d'avril, il était à Lyon.

Bien qu'il ne fût point un lâche, comme il venait de se qualifier, de dures émotions l'y attendaient. Il avait la joie de trouver à son foyer une petite enfant de son fils aîné, venue au monde depuis peu de jours comme une messagère de consolation et d'espérance; mais, d'autre part, quelle place vide !

« Hélas ! il n'est que trop vrai », écrivait-il à son fils, qu'il avait laissé à Rome, « ma rentrée à Lyon a été pleine « de tristesse ; j'ai ressenti et je ressens tous les jours da« vantage le vide immense qui s'est fait autour de moi. « Aussi je vois bien que j'ai trop présumé de mon cou« rage..... Mais enfin, la grâce de Dieu me viendra en « aide. L'Évangile d'aujourd'hui me reportait à il y a deux « mois. J'entendais ta mère nous dire : « Dans peu de « temps vous ne me verrez plus, mais peu de temps après « je vous reverrai, parce que je m'en vais au Père, et que « nous devons tous un jour nous retrouver près de Lui. » « *Modicum*, ce sera bientôt passé. Les larmes seront notre « lot dans l'intervalle ; mais elles nous aideront à gagner « le ciel, le ciel où nous nous retrouverons pour ne plus « nous quitter et où rien ne pourra troubler notre « bonheur. »

Sa réinstallation à la campagne fut une nouvelle source d'émotions. Il en parlait ainsi :

« Comme pour rendre le contraste avec ma douleur plus « poignant encore, jamais la campagne ne m'avait paru « aussi belle et aussi riante..... Les ombrages, le gazouil-

« lement des oiseaux, le parfum des fleurs, les douces « effluves du printemps, rien ne manquait au parc. Rien, « hélas! sinon celle qui était pour moi dans le passé le « charme et la vie. Mais pour retenir mes larmes, je me « retournais du côté du ciel, et je me disais : Mon Dieu! « si vous avez fait la terre si belle, qu'est-ce donc du pa- « radis? et qu'heureuse est l'âme qui se repose au sein de « l'éternelle beauté!.... »

La vue de la petite chapelle, en particulier, éveillait mille souvenirs et remuait toutes les fibres de son âme. « Quand nous sommes allés le soir à la chapelle, ton frère « et moi, réciter la prière et le chapelet, et que je me suis « vu à cette place où ta mère s'était si souvent agenouillée, « les larmes me sont montées aux yeux avec tant de force « que je n'ai pu continuer. Mais ne me plains pas. Les « larmes que j'ai versées là, et que je verse souvent en- « core, ont tant de suavité qu'elles valent mieux que toutes « les joies du monde..... Puis, le Seigneur Jésus est de- « meuré mon hôte, et c'est près de lui, comme tu t'en « doutes, qu'est ma consolation, ma force et ma paix..... »

Mais quoi! cet hôte divin voudrait-il donc l'arracher à son intérieur attristé pour le retirer dans quelque Chartreuse? Quelques demi-mots jetés çà et là dans les lettres de cette époque pourraient presque le faire croire. Voici, en effet, les réflexions que lui suggère dans l'été de 1866 une résolution généreuse dont il vient de recevoir la confidence :

« Non, assurément, ce n'est pas moi qui vous blâmerai « et qui vous traiterai d'extravagante. Je trouve que ce que « vous avez fait est, surnaturellement parlant, la chose la « plus naturelle du monde. Quoi de plus simple et de plus « juste, quand on s'appartient à soi-même, que de faire « abandon de ce chétif soi-même, et de se donner corps et « biens à Celui qui s'est donné tout à nous? Ainsi non-

« seulement je ne vous désapprouve point, mais je vous « admire, je vous envie et je remercie Dieu de vous avoir « fait entrer dans cette voie royale de l'entier abandon, où « l'on doit se trouver si bien, ne relevant plus que de « Jésus, et de Jésus crucifié. Pour moi, je continue à « mener la vie la plus agitée qui se puisse voir, une vie « qui m'ahurit et ne me laisse pas un instant. Est-ce un « bien ou un mal ? Je ne sais, et il me prend par moments « de grands goûts de solitude et de retraite..... Tout ce que « je puis vous dire, c'est que si le bon Dieu ne m'avait pas « frappé d'incapacité en mettant sa main sur mes pauvres « oreilles, je sais bien ce que j'aurais fait. Que sa volonté, « toujours aimable, se fasse... Priez beaucoup pour moi, « car vous devez pouvoir beaucoup maintenant auprès de « Celui qui ne se laisse pas vaincre en générosité, et tenez-« moi toujours, quoique ne voulant plus être servi mais « servir, pour votre serviteur bien dévoué et bien affec-« tionné. »

Toutefois, l'hiver suivant, il est allé passer son anniversaire du 4 mars à la Trappe des Dombes, et au retour il écrit à la même personne : « Mes trois jours de Trappe « m'ont merveilleusement réconforté. Les bons Pères ne « m'ont laissé mourir ni de froid ni de faim, et je les « soupçonne de m'avoir un peu doré la pilule, car je suis re-« venu avec l'idée que la Trappe n'est point aussi dure que « je l'imaginais, et que peut-être un jour... mais je n'en « dis pas plus long, vous croiriez à une vocation et vous « seriez dans l'erreur. »

Dans une autre lettre, il est plus explicite :

« Rassurez-vous sur ma vocation de trappiste : je n'y « suis point ! non, je vois que le bon Dieu me veut encore « au milieu du monde pour que je m'y sanctifie par les « épreuves de la vie commune. Qu'importe, du reste, où il

« nous met, pourvu que nous ne fassions que sa volonté « et que nous cherchions avant tout son royaume. »

Que s'était-il donc passé, et avait-il cru sérieusement que Dieu ayant rompu les liens qui l'attachaient à la vie du siècle, l'appelait désormais dans la solitude du cloître? Une autre série de correspondance explique tout ce mystère. Il ne l'avait confié de son vivant qu'à son confesseur, à son fils et à deux ou trois confidents intimes; mais nous pouvons bien le révéler aujourd'hui pour l'honneur de Dieu et de cette chère mémoire. Les lettres qui trahissent son secret sont adressées à un humble et saint Religieux de Rome, enfant du vénérable Père Libermann, dont son dernier voyage dans la Ville sainte lui avait valu la connaissance et la précieuse amitié : homme de Dieu par excellence, très-considéré du Saint-Père, aussi ferme que doux, aussi obligeant pour les autres que mortifié pour lui-même, aussi modeste que sûr et perspicace dans ses conseils. Nous voulons parler du R. Père Freyd, supérieur du séminaire français. Sous des dehors recueillis et un peu austères à première vue, il cachait, lui aussi, une âme ardente, un amour invincible pour l'Église et pour le Saint-Siége, une générosité à toute épreuve. Il avait suffi à Prosper Dugas de l'entrevoir pour sentir son cœur attiré et sa confiance gagnée. Nous ignorons si dès les premiers entretiens il s'ouvrit à lui des doutes qui le préoccupaient sur les desseins de Dieu à son égard; mais ce que nous savons, car nous avons sous les yeux plusieurs fragments de la correspondance échangée, c'est qu'il ne tarda pas à le faire. Devait-il tout simplement rester où il était, ou bien, malgré ses cinquante-six ans et sa surdité que l'âge et le chagrin avaient accrue, était-il appelé à terminer sa carrière dans le sacerdoce, même, qui sait, dans la vie religieuse?

Le Père Freyd n'était pas homme à brusquer les décisions. Son âme était trop droite, et son œil trop simple pour qu'il eût jamais d'autre fin que la gloire de Dieu et le bien des âmes. Or, cette double considération le faisait pencher à ne voir dans cette aspiration qu'une illusion trop généreuse. Quitter le monde dans les conditions où il s'y trouvait, avec la position qu'il s'y était faite, n'était-ce pas brûler mal à propos ses vaisseaux, renoncer sans compensation certaine à des relations et à une influence salutaires et définitivement acquises, compromettre peut-être des intérêts chers et sacrés? Aussi bien, tel avait été l'avis de son confesseur, le R. P. de J., qui le connaissait de vieille date et avait plus que personne grâce d'état pour juger la question. Toutefois, les doutes persistant, le Père Freyd engagea son pieux ami, dont la foi eût transporté des montagnes, à solliciter de la Providence un signe sensible de ce qu'elle exigeait : par exemple, la guérison de son infirmité. Si l'ouïe lui était rendue, il serait convenu que Dieu entendait l'attacher plus étroitement à son service. Après une neuvaine fervente, rien ne fut changé dans l'état de son mal : le Maître avait suffisamment parlé; tout était dit pour le fidèle et obéissant serviteur.

Il n'en continua pas moins sa correspondance spirituelle avec le Père Freyd. Cette douce et constante amitié, la présence à Rome et les ordinations successives de son fils, son amour pour le Pape, attiraient de plus en plus M. Dugas vers la Ville éternelle. Nous avons compté sept voyages en moins de cinq ans, de 1866 jusqu'au concile. Il était ainsi devenu un hôte familier du séminaire français, y trouvant invariablement, avec la langue et l'atmosphère de la patrie, l'accueil le plus cordial et le plus empressé. Laissant toujours à Lyon mille affaires, ses voyages n'étaient d'ordinaire que de rapides excursions. Dur à lui-même, d'ailleurs merveilleusement servi par sa santé, tous les repas, tous les lits, les nuits passées en chemin de fer, tout lui était bon. Une seule fois, en 1869, il alla jusqu'à Naples;

mais, quelques ravissements qu'offrît à ses yeux l'aspect de cette ville et de cette nature sans pareille, une préférence instinctive et profonde dont les causes s'expliquent toutes seules, le laissait là comme hors de son élément et le rappelait promptement à Rome.

Certes, il aimait trop à s'effacer partout, il était trop convaincu qu'à Rome il appartient de répandre la lumière et non de la demander et de l'emprunter, pour s'y croire le moins du monde utile et s'y attribuer jamais le rôle de conseiller ou de censeur. On pourrait trouver çà et là dans sa correspondance quelques mots assez piquants sur ces honnêtes catholiques qui vont voir « si saint Pierre n'aurait pas be« soin d'un coup de main pour remettre sa barque à flot. »

Pour lui, il avait à la fois plus d'humilité et de fierté. Sauf les sommes qu'il pouvait apporter, il venait beaucoup plus au Vatican pour recevoir que pour donner, recevoir des bénédictions, des consolations et des forces, avant tout y voir Pierre. On peut dire qu'il était à la lettre sous le charme qu'exerçait Pie IX sur tous ceux qui l'approchaient, particulièrement sur les âmes pieuses et pures. Il n'en parlait qu'avec enthousiasme, et toutes les fois que dans ses lettres ce nom béni revient sous sa plume, on sent que le cœur est là dictant les mots :

« Vous ne vous attendez pas assurément à ce que je vous « donne des nouvelles de Rome, c'est à moi que les Ro« mains en demandent, car ils savent bien que la main « qui tient tous les fils est en France. Je puis vous dire « seulement que le Saint-Père va à merveille, qu'il est « toujours rayonnant de calme, de sainteté, de majesté et « d'aménité. C'est la plus suave, la plus transparente figure « que je connaisse, elle a un reflet d'en haut incontestable. « Nous l'avons trouvé enjoué comme jamais, rajeunissant « plutôt qu'il ne vieillit; j'espère bien qu'il enterrera en« core plus d'un de ceux qui convoitent sa mort !.. »

Aussi, dès qu'il avait reçu son audience intime, et il l'obtenait toujours sans peine, il partait satisfait ; satisfait d'avoir vu le Saint-Père et de demeurer un serviteur obscur.

Mais précisément cette modestie et cette discrétion jointes à son activité dévouée et à son expérience toujours sage, le faisaient apprécier de cette Rome qui sait si bien rendre justice au vrai mérite. Déjà, à sa grande surprise, il avait eu l'honneur de recevoir au printemps de 1860 un bref de Sa Sainteté, non pas certes, se hâtait-il de dire, comme une récompense, mais comme un encouragement [1]. L'année suivante, la croix de chevalier de Saint-Grégoire-le-Grand, et deux ans plus tard (30 juin 1863), celle de commandeur de Saint-Sylvestre étaient encore venues surprendre son humilité. Ceux qui le voyaient alors de près savent s'il les avait sollicitées ou même désirées. Son âme habitait trop haut pour attacher la moindre importance aux distinctions d'ici-bas, si augustes fussent-elles.

1. Cher Fils, salut et Bénédiction Apostolique.

Parmi les nombreux témoignages de piété filiale et de dévouement qui Nous arrivent chaque jour de toutes les contrées, Nous venons, cher Fils, de recevoir le vôtre, où brillent partout le zèle ardent des fils les plus affectueux et l'empressement d'un cœur tout dévoué à Notre personne et à Notre cause. Dans ce bouleversement général de l'Italie, qui, par l'invention d'un nouveau droit et par la force des armes, a expulsé les princes légitimes et Nous a même dépouillé des provinces d'Emilie, on voit manifestement l'iniquité de ceux qui, tout en affichant des dehors de piété et de religion, mesurent tout d'après leurs intérêts et regardent même comme juste et honnête d'abandonner la cause de ce Saint-Siége et de renverser complétement sa souveraineté temporelle. Mais Dieu qui Nous console en toutes les tribulations, Nous relève merveilleusement de Notre abattement par l'accord unanime des volontés dans tout l'univers catholique pour défendre la domination temporelle de ce Saint Siége dont les Pontifes Romains, sans doute par un instinct providentiel et divin, ont été investis par les siècles, pour pouvoir

« Je n'ai point le courage de vous remercier, écrivait-
« il à Rome à la première nouvelle du ruban qui lui arri-
« vait, si le brevet pouvait se refuser, je n'hésiterais point à
« le faire, à cause de ma parfaite indignité. Il faut cepen-
« dant que l'amitié que vous me portez vous aveugle, pour
« vous faire voir si en grand le peu que j'ai fait pour notre
« vénéré Saint-Père. Mais passons là-dessus! mon amour-
« propre finirait par trouver son compte, même à vous dire
« du mal de moi. Demandez à Dieu que je ne cherche ja-
« mais d'autre gloire qu'en la croix, non point la croix de
« Pie IX ni de Saint-Grégoire, mais la Croix du Seigneur
« Jésus : *In quo mihi mundus crucifixus sit et ego mundo.*»

Ces distinctions étaient principalement motivées par son zèle en faveur du Denier de Saint-Pierre et de la négocia-

librement et sans aucun obstacle exercer leur ministère apostolique. Nous pouvons à peine exprimer par Nos paroles la joie que viennent de faire éprouver à Notre cœur les Lyonnais, qui tout en apportant à notre trésor épuisé la somme d'argent considérable qu'ils ont recueillie, Nous ont exprimé de vive voix les sentiments de leurs concitoyens de tout rang, qui, touchés de Nos calamités, ont contribué à cette offrande. Et qui ne pleurerait de joie, en voyant les dons des ouvriers? Ils ont mieux aimé souffrir et se priver du nécessaire que de paraître ne prendre aucune part aux afflictions et aux angoisses du Père commun des fidèles, si tristement battu par la tempête. Vous méritez des éloges particuliers pour l'activité de votre zèle, cher Fils, puisque c'est à vos soins principalement, comme Nous l'ont affirmé les Lyonnais, que Nous devons les proportions considérables qu'ont atteintes les témoignages d'attachement et de piété que Nous avons reçus. Nous supplions très-humblement le Seigneur, source de tous les biens, de récompenser par les bénédictions les plus abondantes l'amour dont vous Nous avez donné avec vos compatriotes une preuve si éclatante, et de combler de toute vraie prospérité cette ville qui Nous est très-chère. Recevez, comme gage des souhaits que Nous formons, la Bénédiction Apostolique que Nous donnons aux ouvriers, aux autres personnes susdites, à vous spécialement, cher Fils, et à votre famille tout entière, avec toute l'effusion et l'amour affectueux de Notre cœur paternel.

Donné à Rome, près Saint-Pierre, le 9e jour de mai, année 1860. De Notre Pontificat la XIVe.

tion de l'Emprunt romain. Mgr Ferrari, ministre des finances de Sa Sainteté, s'était trouvé dès lors en rapports directs et fréquents avec M. Dugas; il l'avait pris en haute estime, et ne dédaignait pas de faire quelquefois violence à sa réserve et appel à ses avis. Les obtenait-il ? nous en doutons : ce qui est plus sûr, c'est qu'il obtenait le maintien de son concours; et certes, toute la bonne volonté des catholiques n'était pas de trop pour soutenir le digne Prélat dans sa charge, que les circonstances rendaient de plus en plus onéreuse depuis les événements de 1863, en même temps que trop retentissante au gré du gouvernement impérial qui semblait en effet commander aux brises de l'Italie de n'apporter en France aucune odeur de poudre, espérant amener ainsi peu à peu cette question romaine, qui lui avait causé trop de cauchemars, à se reposer et à se détendre. On osait même faire sonner très-haut les bonnes relations du Vatican et des banquiers et l'état prospère des finances du Pape.

Mais, comme l'écrivait Prosper Dugas, « tout cela ne « sert qu'à tromper les niais. Le *statu quo* n'est pas une « solution, et ne fait même qu'aggraver les choses..... Nous « sommes menacés de nous endormir sous l'opium qu'on « nous sert à fortes doses..... Quelques personnes veulent « voir dans l'avénement de M. Drouin de Lhuys un chan- « gement complet de politique ; je suis de ceux qui n'y « voient qu'une tactique, un changement de front, une « volte-face à droite en vue des prochaines élections, pour « lesquelles on a besoin de ne pas s'aliéner le curé de cam- « pagne. En attendant, une chose me préoccupe grande- « ment, ce sont les finances pontificales. On a pu, non « sans peine, assurer l'exercice de 1862 ; mais le pourra-t-on « pour 1863 ? et ne spécule-t-on pas en haut lieu sur l'en-

« gourdissement des catholiques et le ralentissement du « Denier de Saint-Pierre ? [1] »

« Tout ce patelinage des officieux, ajoute-t-il, me déplaît « souverainement. *Timeo Danaos*, et je ne crains pas de finir « le vers, *et dona ferentes.* » Ces méfiances et ces calculs n'étaient que trop justifiés. Un emprunt de huit millions, émis dans l'hiver de 1863, bien qu'à des conditions plus avantageuses que le premier, avait eu de la peine à être couvert, tant le chloroforme ou l'opium avait vraiment produit son effet. Il fallut que Dieu tirât encore une fois le bien du mal, et chargeât l'ennemi même de secouer l'apathie.

La fallacieuse convention du 15 septembre, le retrait de nos troupes qui en était une clause légale, l'audace croissante du Piémont et de Garibaldi qui en était la conséquence inavouée mais logique, mettaient le Saint-Père en demeure d'augmenter l'effectif de sa petite armée. Les comités des œuvres pontificales reprirent activement la campagne pour trouver des hommes, de l'argent et de bons fusils. M. Dugas, on le pense bien, resta digne de lui-même. Plus de dix-huit mois avant Mentana, M. de Charette, le considérant comme son représentant attitré à Lyon, entretenait correspondance avec lui pour l'enrôlement des volontaires. L'affluence des Hollandais et des Belges commençait à faire craindre que l'élément dominant du régiment ne cessât d'être français. La juste et patriotique fierté du lieutenant-colonel ne pouvait s'accommoder d'une telle perspective, et il réclamait de toutes ses forces des recrues françaises auprès de tous ceux qui avaient souci de l'avenir et du passé des zouaves. Le choix, cela va sans dire, était encore plus important que le

1. La double quête pour le Denier ne produisit cependant jamais moins de *cent mille francs* pour le seul diocèse de Lyon.

nombre : or, sur le nombre des recrues qui se présentaient, les chercheurs d'aventures ne manquaient pas; les comités durent se montrer très-sévères, et le triage minutieux auquel ils eurent à se livrer ne fut pas leur moindre tâche.

Le recrutement de la légion, qui est restée connue sous le double nom de Légion d'Antibes ou de Légion romaine, rencontrait des difficultés plus spéciales. Offerte au Saint-Père par le gouvernement, pour essayer de masquer aux yeux de ceux qui ne demandaient pas mieux que d'être dupes, l'abandon de l'occupation de Rome, elle n'était bien au fond, dans la pensée première qui l'avait conçue, qu'un de ces *présents de Grecs* dont parlait M. Dugas. Il est vrai que, grâce aux cœurs chevaleresques que contiendra toujours notre armée, le cadre des officiers qui étaient venus spontanément consacrer leurs services au nouveau corps était excellent, et avait ainsi déjoué d'avance des ruses trop machiavéliques pour trouver facilement des complices dans des épées françaises. Mais, sauf de rares exceptions, les premiers soldats enrôlés étaient très-loin de ressembler à leurs chefs. On se gênait peu dans certains régiments pour regarder cette troupe comme un exutoire commode fait exprès pour aider les colonels à se débarrasser au profit du Pape de leurs éléments tarés ou suspects. Ceux qui ont suivi l'histoire de cette légion savent que le concours de quelques évêques, principalement de Son Éminence le cardinal Mathieu, joint à l'action des comités de recrutement établis à Paris et à Lyon, réussit peu à peu à enrayer le mal, en fournissant des hommes plus dignes de la cause. La fraternité du sang versé en commun sur un même champ de bataille devait faire le reste, achever de purifier et de cimenter les rangs. Prosper Dugas ne prit qu'une part très-restreinte à cette œuvre d'épuration. Toutefois, l'amitié qui l'unissait à Mgr Bastide, devenu aumônier de la légion depuis le départ de l'armée française, lui permit de contracter avec plusieurs des officiers du corps des relations dont il n'eut jamais qu'à se louer. Aussi prit-il ses intérêts à cœur comme il avait pris depuis longtemps ceux des zouaves.

On suppose bien qu'il fallait de l'argent au gouvernement pontifical pour entretenir et armer ses nouvelles troupes. Malgré la guerre qui était à la veille d'éclater entre la Prusse et l'Autriche, un troisième ou quatrième emprunt ouvert à Paris au commencement de 1866 compta en peu de temps près de vingt millions de souscrits. M. Dugas s'y employa comme il l'avait fait pour les précédents, sans aucun droit de commission. Mais ces emprunts n'étaient jamais que des expédients temporaires, et il importait d'assurer au Saint-Père un appoint plus stable.

Ce fut alors que quelques jeunes Lyonnais résolurent de généraliser et d'affermir l'œuvre du Denier de Saint-Pierre, en établissant dans ce but des dizaines analogues à celles de la Propagation de la Foi. La peine ne fut pas perdue. Qui ne se rappelle le frémissement d'émotion généreuse qui s'empara du pays au mois d'octobre 1867, à la nouvelle des exploits sauvages accomplis par les bandits garibaldiens dans les murs et aux portes de Rome? Et qui ne sait en même temps qu'au courant croissant des souscriptions et des enrôlements revient principalement l'honneur d'avoir alors vaincu les atermoiements prolongés du gouvernement français, et de l'avoir obligé à se souvenir de 1849 et à unir ses troupes aux troupes pontificales pour endiguer le torrent des troupes assaillantes?

Parmi les organes que Dieu avait daigné susciter ou rétablir à cette époque pour réveiller l'opinion catholique, nous aurions déjà dû en mentionner un, au succès duquel celui dont nous rappelons les œuvres ne demeura pas étranger. Le 11 février 1867, il recevait une lettre de M. Louis Veuillot lui annonçant son prochain passage à Lyon et lui donnant rendez-vous : « Nous allons ressusciter l'*Univers*, « sous son nom, tel qu'il a été, avec les améliorations in- « diquées par l'expérience. Nous avons des idées, des « mains, des cœurs ; ce n'est pas encore tout ce qu'il faut, « je vous demanderai secours. »

Ce qui était dit fut fait. M. Veuillot s'arrêta une journée chez M. Dugas, et partit pour Rome : « pour tremper sa « plume dans l'encrier du Pape. » De Rome, nouvelle lettre :

« Le Saint-Père a daigné me recevoir le lendemain de « mon arrivée. J'ai eu le bonheur, et je dirais volontiers la « gloire, de recevoir ses plus amples bénédictions pour « l'œuvre à laquelle je me prépare. Il a tout écouté avec « une bonté paternelle et tout appouvé. Je parle, bien « entendu, de mes intentions ; mais j'espère que la béné- « diction me donnera ce qu'il faut de sagesse, de courage « et de douceur A présent, cher Monsieur, je vous de- « mande tout franchement votre concours et votre assis- « tance auprès de vos amis. Le moment est venu de passer à « l'exécution et de se hâter. C'est une chose terrible pour « moi de tendre la main, même en cette circonstance ; mais « rien n'est possible sans cela. Pour m'y habituer, je com- « mence par vous... Je souhaite bien que Lyon abrége pour « moi la durée de cette chasse aux écus. Elle ne me va « guère !... Rome est en pleine et profonde paix, et le « Saint-Père se porte admirablement. J'ai passé auprès « de lui une bonne demi-heure. Il est plein de sérénité, « de courage, de miséricorde. Que Dieu soit béni ! »

Au retour, M. Veuillot donnait à Lyon une seconde journée. Il y trouva bon accueil et de splendides promesses, si l'on en juge par les remercîments que, dès le lendemain, il envoyait de Paris à son hôte. Tout ici est inédit, et peut-être nous saura-t-on bon gré d'insérer, dans cette biographie toute lyonnaise, quelques pages qui ne sont pas sans honneur pour les catholiques de Lyon :

« Monsieur et très-cher ami,

« Je vous dois une nuit de wagon véritablement courte « et agréable, et c'est la première de ce genre. Je me rap- « pelais vos cordiales paroles, votre empressement, votre « zèle et votre largeur pour l'œuvre si grave dont je suis « chargé. Vous et les vôtres, vous m'avez fait sentir les « premiers effets de la bénédiction de Pie IX. Mon cou- « rage en est grandement affermi. Ah ! les bonnes poignées « de mains lyonnaises, et qu'on se sait gré d'être mis en « voiture par les Prosper Dugas, les Noël Le Mire, les « Lucien Brun, les Berger ! Faites-moi la grâce de dire à « ces messieurs que je les remercie tous du fond de mon « cœur. J'ai raconté cette aimable et fortifiante soirée aux « frères d'ici, et ils ont partagé ma satisfaction. Nos affaires « ne vont pas mal pour la saison et pour le pays... Si l'ar- « gent valait le prix du cœur, il serait singulièrement pré- « cieux... Nous désespérons cependant d'être en mesure « pour le premier avril ; il faudra pousser jusqu'au quinze « prochain, pour commencer avec vigueur et sans tâton- « nements. Déjà plusieurs ouvriers sont en besogne. J'ai « lieu de croire que le premier mois sera beau et que les « autres vaudront mieux. Tout en nous frottant de l'huile « des athlètes, nous allons regarder du côté de Lyon avec « une certaine anxiété. C'est là qu'est principalement le « nerf, et vous aurez plus que tous l'honneur d'avoir créé « cet auxiliaire de la *Propagation de la Foi*. »

Il fallait de courageux efforts, la conviction de faire une œuvre souverainement opportune et utile, pour répondre à cette attente et ne pas reculer devant le froid, les refus, les défections qu'on allait inévitablement rencontrer. Les légitimistes, parmi lesquels M. Dugas comptait ses plus chauds amis, présentaient les excuses que l'on devine. Comment faire table rase du passé, et ne pas se méfier d'un journal qui refusait de nouveau de prendre rang dans aucun parti politique et continuait à se donner simplement pour catholique avant tout ? A d'autres bons chrétiens, le nom seul du rédacteur en chef causait des effrois où le comique ne manquait pas toujours : Soit! son programme était d'un honnête homme ; mais on se rabattait sur « la nécessité de la *charité,* » et même « sur les intempérances de cette plume *si funeste à la religion;* » quelques-uns, peut-être plus francs, ne se gênèrent pas pour chercher des prétextes et déclaraient tout net qu'il ne valait pas la peine d'exposer mille ou cinq cents francs pour un combattant qui risquait encore de se faire égorger au premier jour. Heureusement il restait des âmes qui avaient mieux l'intelligence des besoins du moment et le souvenir des services passés, de bonnes volontés qui se faisaient une joie de dénouer leurs bourses pour le seul amour de Dieu et de la sainte Église. La générosité des adhérents compensa leur petit nombre.

La correspondance de M. Dugas est ici très-sobre de récriminations et de détails : sa modestie et sa charité étaient d'accord pour lui imposer cette réserve. « Il sera de cette « œuvre, écrivait-il, ce que Dieu voudra. S'il y tient, il « saura bien la faire réussir. » Il paraît bien que Dieu tenait à l'œuvre. Les statuts avaient été faits au capital de trois cent mille francs, et l'affaire n'était pas lancée depuis six semaines, que déjà on était à deux cent quatre-vingt-huit mille francs, et là-dessus le contingent lyonnais, cent cinquante actions, dépassait cinquante mille francs souscrits seulement par une vingtaine de personnes. Il paraît aussi que P. Dugas avait bien travaillé pour organiser cet apport :

« Bravo! mon cher ami, lui écrit M. Veuillot quinze « jours avant l'apparition du journal. Vous serez vraiment « la pierre fondamentale de l'*Univers*... Tout à l'heure

« nous toucherons le but... Je pense que vous aurez la
« gloire de finir comme vous avez eu celle de commencer.
« Si quelqu'un a le droit de se dire votre serviteur tout
« dévoué, c'est assurément moi. »

Le quinze avril l'*Univers* avait paru, et bien qu'on soit encore dans la Semaine sainte, on se hâte d'envoyer à Lyon un premier alleluia :

« Nous voilà donc au monde, très-cher ami, les derniers « jours ont été bien durs et les premiers moments presqu'af- « freux, toute la boutique étant fort peu expérimentée; « mais enfin *ça y est!* En ventes dans la rue et abonne- « ments, le tirage a dépassé dix mille. C'est un effet de « curiosité qui ne durera pas ; cependant l'œuvre est fondée « du premier coup, et pareille chose ne s'est pas souvent « vue. Arrêtez, s'il vous plait, la récolte des actions ; nous « avons trop d'argent... Nous marcherons ainsi sans péril « de dettes et sans crainte de voir l'œuvre crouler, ni gau- « chir, ni dévier de la ligne où elle doit être maintenue « *in æternum*. J'entends l'éternité des œuvres humaines, « laquelle risque de n'être jamais bien longue en ce « temps-ci... Mille remerciements, nous ne saurions assez « vous remercier. Si nous avions eu seulement une quin- « zaine d'amis comme vous, nous serions à la tête de notre « million, et nous n'en saurions que faire ; mais vous « n'en n'êtes pas moins louable et admirable. »

On sait si, depuis, l'*Univers* a fait du chemin dans le monde. Les premiers souscripteurs ne croyaient accomplir qu'une bonne œuvre, il s'est trouvé qu'ils ont réalisé une belle affaire. Peu de grands journaux servent à leurs actionnaires d'aussi riches dividendes.

En attendant cette récompense, M. Veuillot et son généreux actionnaire s'en offrirent une meilleure et s'invitèrent mutuellement au centenaire de saint Pierre. Au milieu de juin ils partaient pour Rome en compagnie d'un ancien et commun ami M. l'abbé Louis, et d'Auguste Roussel, une des plumes jeunes et ardentes de la nouvelle escouade d'écrivains enrôlée par l'*Univers*.

Nous tomberions dans les redites si nous voulions parler des charmes de ce voyage et de la splendeur de ces fêtes. Cette splendeur, hélas! n'était, comme l'écrivait M. Dugas, « qu'un radieux arc-en-ciel au milieu d'un ciel « sombre et gros de tempêtes. » Les scènes éblouissantes de l'Exposition de Paris qui attiraient à cette heure même presque tous les souverains de l'Europe, étaient subitement troublées par un coup de tonnerre formidable venant éclater là comme une menace de Dieu : l'annonce de l'assassinat de Maximilien. Pie IX lui-même qu'allait-il devenir, nos troupes parties, et Garibaldi toujours aux gages de la Révolution ? Nos voyageurs serrèrent alors plus d'une main pleine de vie et de vaillance, que la mort des martyrs allait bientôt glacer : le capitaine de Vaux, tué raide par un des premiers coups de feu de Mentana ; les deux frères Emmanuel et Adéodat Dufournel, unis dans la plus belle des morts comme ils l'avaient été dans la vie de la foi en Dieu et le dévouement au Saint-Siége ; le lieutenant Arthur Guillemin, l'héroïque et pure victime de Monte Libretti.

Au retour, M. Veuillot passa quelques heures à Champvert ; le voyage et les affaires de l'*Univers* avaient rendu l'amitié plus étroite. Désormais il ne manquera pas une occasion de prendre gîte chez son hôte :

« J'en reste, écrit-il un jour gracieusement, aux charmes « de l'hospitalité si bien donnée à Lyon et à Champvert, « et, j'ose le dire, si bien reçue, et je remercie le bon Dieu « de vous avoir mis sur mon chemin. Il m'est clair que « vous avez été planté pour moi, comme le palmier et la « fontaine sont institués dans le désert pour les voyageurs. « Mais de même que les voyageurs gravent leurs noms « sur les pierres de l'oasis, je désire écrire mon nom sur

« les murs de Champvert. Je vous envoie en conséquence « un exemplaire, sur papier vergé, des *Parfums de Rome.* « Mettez-le quelque part, et qu'il vous rappelle notre « voyage, votre hospitalité et mon amitié heureuse et « reconnaissante. »

A Lyon cependant, aucun journal n'avait remplacé la *Gazette*, et le petit cercle de *Castelfidardo* avait dû disparaître pour divers motifs. Comme il arrive souvent, la difficulté à vaincre pour relever ces œuvres était moins l'opposition des adversaires que l'inertie de certains amis. Les événements de Mentana, les enrôlements et les souscriptions qui en furent la préparation et la suite, les déclarations si nettes de M. Rouher (à la Chambre, le 5 décembre) en faveur de Rome, dues évidemment à une pression salutaire de l'opinion publique, firent sentir plus vivement la nécessité de se refaire un foyer et des moyens d'action. Après plusieurs essais la *Décentralisation* fut fondée. Quant au Cercle, c'est encore M. Dugas qui va être, bon gré, mal gré, comme pour tant d'autres œuvres, la cheville ouvrière et le porte-enseigne. Chez lui se réunissent les adhérents de la première heure, et les statuts sont à peine ébauchés que déjà il est nommé président par l'acclamation de ses collègues. Sa modestie proteste :

« Je persiste à croire qu on a étouffé le projet au berceau « en me désignant comme chef de file.... un président qui « n'a ni foi, ni entrain, ni oreilles !... Je réunis la commission à dîner lundi prochain, peut être la lumière se fera-« t-elle *inter pocula*, mais j'en doute, et je crains bien au « contraire que mon dîner ne soit un repas d'enterrement. « Nous aurons en fait de convives les abbés Lemann pour « chanter l'absoute.. Enfin l'idée a été semée, elle germera « peut-être, et si l'œuvre est de Dieu les fruits arriveront « bien. »

L'idée germa, et très-heureusement les craintes seules

furent trompées. Il faut bien dire que, malgré ses méfiances, le président n'épargna rien de ce qui dépendait de lui pour que le berceau fût béni et le grain fécondé. Les anciens du cercle se rappellent quelle fut l'expansion de sa joie, lorsque Mgr Mermillod, avec qui il était lié par de longues et intimes relations, daigna venir, sur son appel, présider la première séance d'ouverture, et lorsque, quelques années plus tard, l'aimable et éloquent évêque revint, comme il le disait gracieusement, confirmer l'enfant qu'il avait baptisé. Le baptême avait eu lieu sous l'Empire, et pour éviter les ombrages de la préfecture d'alors, qui n'avait donné son autorisation qu'à regret, on avait résolu d'être cercle catholique sans en porter le titre, en s'intitulant simplement le *Cercle de Lyon*. A qui voulait en savoir davantage, le nom du président et des membres disait assez qui on était et ce qu'on prétendait faire. Mais on avait compté sans les malins, et l'un d'eux, du dehors ou du dedans, nous ne savons, s'empressa de trouver un nom plus accentué : le *Cercle de Lyon* devint le *Cercle du Syllabus*. Le nom parut juste et, enregistré ou non, il est resté comme un surnom dont on n'a point à rougir. Non, certes, que cette réunion eût jamais prétendu aux allures doctrinales d'un petit concile réformateur de la société chrétienne ; c'était, et c'est encore, tout simplement, un salon ouvert à des hommes du monde désireux de causer ensemble de leurs espérances religieuses et de leurs œuvres catholiques. Mais nulle part plus que là on ne pouvait trouver des cœurs décidés à servir, sous la direction du Pape et à la lumière du *Syllabus*, les deux causes inséparables de l'Église romaine et de la Patrie française. Pour sa part, P. Dugas ne renia jamais ce nom qui répondait à sa pensée première, et autant il avait paru hésiter à croire au succès de l'œuvre, autant, lorsqu'il la vit bénie de Dieu et en branle, il s'y donna de bon cœur.

C'est à cette époque de la vie de mon père que s'arrête le récit qu'on vient de lire, tracé par la main de mon regretté frère, le P. Joseph Dugas, Prêtre de la Compagnie de Jésus.

La mort ne lui a pas permis d'achever sa pieuse et chère entreprise. Mais dans les papiers qu'il m'a laissés, j'ai trouvé sur les dernières œuvres et les derniers jours de mon père, des Notes *qui sont devenues pour moi une double relique.*

Ecrites avec simplicité, sous la dictée rapide de la tendresse et de la douleur filiale, je les crois propres à compléter, autant que possible, un travail si tristement interrompu.

Ma famille et mes amis me sauront gré de leur confier ces pages. Ils y retrouveront à chaque ligne quelques traits de la parfaite ressemblance qui existait entre ces deux âmes, et dont j'étais frappé comme d'un pressentiment douloureux.

Dieu ne pouvait tarder longtemps à les réunir là-haut.

L. D.

IX

DERNIÈRES ANNÉES ET DERNIÈRES ŒUVRES.

L'année 1869 devait être pour mon père bien-aimé une année de joies saintes et de douces émotions. D'abord, je devais être ordonné prêtre à Rome, au mois de mai (Quatre-Temps de la Pentecôte). Dès le 1er janvier, il m'envoyait ses souhaits tout brûlants de cette pensée de mon sacerdoce :

« Reçois mes vœux, cher fils. Je n'ai pas besoin de te « dire avec quelle émotion je salue la venue de cette an- « née, mémorable entre toutes, puisqu'elle va devenir la « date de ta prêtrise. Que Dieu te comble de ses dons, *et* « *nunc et semper ;* qu'il élargisse ton cœur dans la confiance « et l'amour ! De nous-mêmes nous ne sommes rien, pas « plus toi qu'un autre, c'est convenu, et notre jardin ne « produit que des épines et des ronces ; mais nous pouvons « tout, nous sommes tout, en Celui qui nous fortifie, et « qui, pour suppléer à notre indigence, se fait notre lu- « mière, notre force, notre pureté, notre voie et notre « vie... » Et il ajoutait avec beaucoup de grâce : « Je fais comme les écoliers ; je compte chaque matin sur mon almanach les jours qui me séparent de ton ordination. » Une autre fois il me disait, toujours sur le même sujet :

« Daigne Dieu ouvrir ton âme et l'ouvrir large à la « confiance ! je sais bien que tu es indigne de la grâce que « tu vas recevoir, et je sais bien que tous tant que nous « sommes, nous ne sommes que bois mort bon à être jeté « au feu. Mais je sais aussi que nous avons été achetés à « grand prix, et que l'abîme de notre misère a attiré sur « nous l'abîme de la miséricorde. Je sais qu'il a plu à « Dieu de choisir pour coopérer à son œuvre ce qu'il y a « de moindre en ce monde, *infirma mundi* ; et alors, fer- « mant les yeux sur moi, je ne veux plus voir que Jésus, « que son amour, que le prix infini de son sang... »

Je fais ces citations parce qu'elles me semblent caractériser admirablement la nature de sa piété toute nourrie de l'Ecriture sainte, piété aussi confiante et sereine qu'elle était humble.

Ce n'est pas tout : 1869 devait être en outre l'année des *Noces d'or* de Pie IX et l'année de l'ouverture du Concile.

Mon père vint à Rome pour cette première fête, qui fut magnifiquement célébrée le 11 avril. Plus d'un mois le séparait encore de mon ordination. Il ne voulut pas rester si longtemps loin de ses affaires et de ses œuvres. Toujours l'homme du devoir avant tout, toujours actif et dédaigneux de la fatigue, il revint passer ce mois à Lyon. Quelques jours avant la Pentecôte, il était de retour à Rome, frais et dispos, comme s'il n'avait passé aucune nuit en voyage, comme si la chaleur ne le faisait pas souffrir. Il y avait laissé mon frère et ma belle-sœur installés depuis les fêtes de Pâques avec leurs deux petites filles, Jeanne et Germaine. Germaine avait été assez malade dans l'intervalle et nous avait donné de vraies inquiétudes. Mon père nous écrivait à ce sujet : « C'est, hélas ! un lourd contre- « poids à la joie de ce séjour à Rome ; mais je ne m'en « étonne pas : il fallait bien payer la grande grâce qui

« nous attend tous, et la croix n'est-elle pas l'assaisonne-
« ment par excellence de toutes les grâces, la sanction de
« toutes les bénédictions ?... »

Je fus ordonné le 22 mai. Inutile de dire les joies de mon bien-aimé père. Pendant la semaine qu'il passa encore près de moi, il voulut me servir la messe tous les jours dans les principaux sanctuaires. A son retour à Lyon, comme je lui avais laissé entendre dans une lettre que j'attribuais à ses vertus et à ses prières la grande grâce que je venais de recevoir, il repoussait cette idée de toute la force de son humilité :

« Non, ce n'est pas à moi, c'est à Dieu seul et à sa grâce que tu dois ta vocation ; ou si quelqu'un a contribué à t'attirer cette grâce, c'est ta mère avec ses désirs ardents, ses prières de tous les jours, sa mort si sainte. Avec cela, n'oublie pas que si ce n'est point *de par moi*, c'est beaucoup *pour moi* que tu es prêtre. Il faut que tu m'obtiennes la grâce de vivre désormais en union constante avec le Seigneur Jésus ; et si je n'ai pas en ce moment le bonheur de te servir la messe chaque matin, regarde-moi comme toujours présent, et comprends-moi dans ton *Dominus vobiscum* et comme fils et comme prêtre... »

Le 8 décembre de cette année 1869, le Concile s'ouvrait. Comme j'avais été désigné pour être l'un des sténographes, à la grande surprise de mon père et à la mienne, il se réjouit en apprenant cette nouvelle plus encore que moi-même, mais toujours au point de vue de la foi : « Que ne
« valent pas le bonheur et l'honneur de siéger, dans le
« giron même de l'Eglise et du Saint-Esprit, au milieu
« de la plus vénérable des Assemblées ! J'en remercie Dieu
« pour toi du fond du cœur et lui en renvoie toute la
« gloire : *non nobis, Domine, non nobis* .. »

Je ne sais trop pourquoi, il ne vint point assister à l'ouverture du Concile. Même il ne parut à Rome cette année-là que quelques jours très-courts, du 18 janvier au commencement de février. D'après deux ou trois mots de ses lettres d'alors, il semble qu'il ait agi de la sorte par un sentiment de réserve. Il craignait, soit de me distraire de mes occupations, soit de paraître jouer à l'important en faisant antichambre à la porte du Concile : assez d'autres remplissaient ce rôle très-commode. Du reste, bien que discret jusqu'à la délicatesse de conscience, bien qu'évitant de m'interroger pour ne pas m'exposer à violer le secret conciliaire, il suivait avec le plus vif intérêt toutes les évolutions de la discussion : « il se régalait », comme il me l'écrivait, de toutes les miettes qui tombaient de la grande table du festin. Surtout, il priait, il priait le Saint-Esprit, pour qui il avait toujours eu une dévotion toute particulière et qu'il ne manquait jamais d'invoquer dans ses doutes ou avant quelque décision importante. « Sans le Saint-Esprit, m'écrivait-il un jour, sans son assistance, rien de bon en nous. Qu'il soit l'hôte de nos âmes, notre consolation et notre rafraîchissement... » Et le 1er janvier de cette année 1870 : « Que la grâce de Notre-Seigneur Jésus-Christ et la communication de l'Esprit-Saint soient avec toi et aujourd'hui, et toute cette année, et toujours ! Je n'ai pas d'autres souhaits à t'envoyer... »

Avec cette habitude de l'esprit de foi, rien ne le déconcertait, rien ne le troublait, ni les oppositions, ni les lenteurs, ni le bruit qui se faisait à propos de l'infaillibilité. Seulement ces oppositions l'alarmaient, non certes pour le Concile qu'il était sûr de voir aboutir en dépit des obstacles, mais pour le monde et pour nous. A la date du 8 avril, c'est-à-dire plus de trois mois avant la proclamation de l'infaillibilité et la déclaration de la guerre, il m'exposait ainsi ses prévisions :

« Je me figure que le bon Dieu va laisser le Concile « finir son œuvre tranquillement, mais qu'une fois cela

« fait, il lâchera les écluses et bouleversera si bien le « monde, que, bon gré mal gré, la société sera obligée de « chercher un refuge dans *les immortels principes*, non « ceux de 89, mais ceux que le Concile aura posés. Du « reste, Dieu est Dieu, la Sainte Vierge notre Mère, nos « destinées sont entre bonnes mains : c'est te dire que mes « prévisions, si noires soient-elles, ne me troublent pas le « moins du monde... »

Outre l'opposition faite au Concile, l'événement qui attrista le plus mon père pendant l'hiver de 1870, ce fut la déplorable et mesquine chicane de la monnaie pontificale suscitée par MM. Buffet et Daru. Il se montra aussi fort sensible à la mort du cardinal de Bonald, qui jusqu'à ses derniers jours n'avait cessé de lui donner des marques de la plus haute estime et de la plus paternelle affection.

Les nombreuses lettres que mon père m'a écrites pendant la guerre (de la fin de septembre 1870 au mois de mars 1871) sont particulièrement remarquables. Quelques-unes sont presque chevaleresques et martiales ; toutes attestent non-seulement sa forte vertu et sa foi si chrétienne, mais un cœur de patriote au vrai sens du mot.

Mon frère avait été, dès le début de la guerre, nommé capitaine de mobiles, et se trouvait avec son bataillon à Dijon où j'allai le voir. Il était question de me retenir là comme aumônier ; mon père m'écrivait :

« Prends ton temps pour voir ton frère, et même, si « l'envie te prenait de rester avec le bataillon de la Loire, « je m'y résignerais. Nous sommes à l'heure des grands

« dévouements et des grands sacrifices. » Puis bientôt, le 4 octobre, comme décidément j'étais allé rejoindre Laurent et les mobiles : « Je ne te parlerai pas, mon bien-« aimé fils, du vide que m'a fait ton départ. C'est pour la « plus grande gloire de Dieu que je t'ai vu partir. Gloire « donc et amour à Lui ! et qu'il daigne agréer le faible « tribut de notre commun sacrifice pour le salut de son « Église et de la France... » Quatre jours après, il nous écrivait à tous deux : « Laissons le sentiment de côté, mes « chers fils, Dieu sait si mon cœur en est plein à votre « endroit; mais son heure n'est pas encore venue. Il ne s'agit « pour le moment que du devoir et de la volonté de Dieu « à accomplir, chacun dans notre sphère... »

Sur ces entrefaites, le bruit courut qu'on allait mettre le corps d'armée auquel appartenaient les bataillons de la Loire, sous le commandement de Garibaldi. Au premier bruit, mon père se hâtait de me dire :

« Si cela est, je n'ai pas à demander à Laurent ce qu'il va faire. Je sais très-bien que ni toi, ni lui, n'accepterez cette flétrissure. Je te recommande seulement de prêcher la modération à ton frère. Il serait bien qu'il brisât son épée, mais je ne voudrais pas qu'il allât jusqu'à la passer au travers du corps de ce bandit. Si cette renversante nouvelle se confirme, je vous attends ici tous deux : nous aviserons... » Et, comme je lui avais exprimé mes souhaits pour le double anniversaire de sa naissance et de son baptême, il me répondait le 14 octobre : « Ce sera en effet demain l'anniversaire de mon baptême. C'était ce matin celui de ma naissance, et je l'ai fêté à Fourvières et à Loyasse, en union à sainte Thérèse que ta mère aimait tant... »

A la fin d'octobre, nous fûmes envoyés près de Besançon. « Va pour Besançon ! A la garde de Dieu ! et toujours courage et confiance, mais confiance en Dieu seul ! Qu'il soit votre bouclier, votre casque et votre appui, et que sa volonté se fasse, cette volonté toujours *altissima, justissima* et *amabilissima*... » Et à la date du 3 novembre : « A Dieu, mes bien-chers fils ! Ces deux mots disent tout. Comme j'ai pensé à vous, ces jours-ci, et à la brièveté et aux épreuves de la vie, et aux joies du Paradis, et à la grande grâce que Dieu a faite à votre mère, en lui épargnant les angoisses de cette triste période !... »

Le 21 novembre, nous étions à Gien, marchant du côté de Pithiviers. Mon père ne se faisait point illusion sur ce qui pouvait arriver, mais toujours calme il m'écrivait :

« Nous ne sommes pas sans appréhension de quelque grosse affaire de vos côtés. Enfin à la garde de Dieu ! ce qu'il garde est bien gardé. et par le temps qui court, que désirer et préférer ? *Non sicut ego volo, sed sicut Tu*. Que cette vérité est bien de saison !... Le bon Dieu, du reste, a bien voulu limiter pour le moment nos soucis à ceux que nous donnent votre éloignement et le triste sort de Rome et de notre patrie. Les trois fillettes de Laurent sont charmantes, et j'ai avec elles un renfort d'anges gardiens qui me donne bon espoir... Tout ce petit monde chante, saute, frétille à cœur-joie, comme si les Prussiens n'avaient pas le pied sur nous ! Que ces petits êtres sont heureux ! et cependant c'est comme cela que nous devrions être entre les mains du bon Dieu... »

Le 28, avait lieu la bataille de Beaune-la-Rolande. Le soir, deux ou trois heures après la tombée de la nuit, quand on dut se replier, je ne retrouvai plus Laurent avec ses hommes. Je l'avais encore entrevu, à deux heures de l'après midi, se dirigeant vers le plus fort du feu, à la tête de sa compagnie. Or, dans l'intervalle sa compagnie avait été décimée, son sous-lieutenant avait reçu deux coups de feu aux jambes, et les quelques hommes qui revenaient sains et saufs prétendaient avoir vu leur capitaine trébucher, puis disparaître dans la fumée, au moment où l'on sonnait la retraite. Etait-il tué ? blessé? prisonnier? On prétendait d'abord que les Prussiens n'avaient fait aucun prisonnier ; puis j'eus beau parcourir toute la nuit les ambulances françaises, explorer le lendemain en tous sens le champ de bataille, je ne trouvai pas traces de nouvelles. Pour ma part, marchant toujours, battant toujours en retraite, de Bellegarde à Orléans, d'Orléans à Bourges, sans communications, sans lettres, je restai près de quinze jours sous le coup de cette déchirante incertitude. Aussitôt après la bataille et mes recherches inutiles, j'envoyai donc un petit mot à mon père, ne lui dissimulant aucune de mes craintes. Le 4 décembre, il me répondait :

« Que d'émotions, mon bien-aimé fils ! Ta lettre m'a fait sangloter pendant deux heures... A quoi donc nous en tenir ? Nous ne doutons plus que ton frère ne soit blessé, mais est-ce grièvement ? est-ce légèrement ? est-ce à la tête, ou au bras, ou à la cuisse, ou au pied ? Car chacun a sa version. Est-il à l'ambulance ? est-il prisonnier ?... En attendant, Marie est partie pour Orléans... Arrivera-t-elle à vous et à la vérité ? je l'espère ; quant à moi, j'ai dû rester pour garder les petites. Que puis-je ajouter ? tout pour nous est dans les nouvelles que nous attendons de vous. Ma chambre ne désemplit pas de visiteurs. Allons, courage ! *Fiat, laudetur.... justissima.... et amabilissima voluntas Dei in omnibus !*

Cependant, plus heureux que ma belle-sœur et que moi, mon père n'était guère resté que deux heures sous le coup de sa cruelle émotion. Il avait reçu une lettre de Laurent lui-même écrivant à sa femme qu'il était en effet prisonnier, mais sans blessure : « Que Dieu soit béni de tout, me disait mon père.... Et vive Jésus et vive Marie Immaculée !.. La Sainte Vierge a beau faire, nous comptons sur elle .. »

Du reste, pendant près de trois semaines, aucun des

petits billets qu'il avait la bonté de m'envoyer chaque jour pour me rassurer, ne put m'arriver. Je ne les reçus, au fur et à mesure, qu'un mois plus tard. De son côté, il ne recevait rien de moi. « Comment te faire passer mes lettre et comment en avoir de toi ? Je n'y comprends plus rien, et j'offre au bon Dieu de tout mon cœur ce nouveau sacrifice, ainsi que l'absence de nouvelles de Marie, dont je ne sais rien, absolument rien, et que je suppose dans les lignes prussiennes, à la recherche de son mari... Patience ! que Dieu soit loué de tout, et confiance aveugle en lui, malgré qu'il semble nous abandonner ! C'est lorsque tout paraît perdu, qu'il est le plus près de nous.... »

Enfin, le 14 décembre, ma belle-sœur arrivait de sa rude tournée. Mon père m'annonçait ainsi la bonne nouvelle : « Dieu soit loué, cher fils ! Marie m'est revenue hier soir, après six jours passés dans les lignes prussiennes et les ambulances, où, Dieu merci, Laurent n'était pas, pendant que je l'attendais ici de pied ferme, mais la mort dans l'âme... Son retour m'a fait passer par une joie que je ne connaissais plus... Confiance et abandon ! Que le cœur de Jésus soit notre force et notre refuge ! »

La veille de Noël, et le 31 décembre, il ne manquait pas de m'envoyer ses souhaits : « Quelles tristes fêtes nous allons passer ! Quand donc le Prince de la paix nous prendra-t-il en pitié ? Enfin, si le divin Enfant ne veut pas nous donner encore la cessation de la guerre, qu'il nous accorde au moins la paix promise aux hommes de bonne volonté... Et gloire à lui, quoi qu'il en soit !... Reçois, bien cher fils, mes vœux de bonne année. Qu'elle soit ce que Dieu voudra, pourvu que nous y trouvions sa gloire et la sanctification de nos âmes.... »

J'abrége. Jusqu'à la fin et pendant toute la triste expédition de l'Est qui acheva la campagne, même abandon complet au bon Dieu et à son Cœur miséricordieux, même esprit de sacrifice, toujours le *Fiat*, et en attendant les joies du revoir, rendez-vous constant auprès du Tabernacle : « Vive Jésus ! qui a Jésus a tout ; les Prussiens ne nous le prendront pas. »

Après l'armistice et même la signature de la paix, nous restâmes encore près de deux mois autour de Besançon, plus ou moins bloqués et gênés dans nos communications. Peu à peu cependant toutes les lettres de mon père finirent par m'arriver. Malgré son immense désir de me revoir et de nous avoir tous réunis après ces cinq longs mois de séparation, il était le premier à m'engager à terminer ma besogne :

« Ne crois pas que mon impatience de t'embrasser aille jusqu'à vouloir que tu me sacrifies le moindre de tes devoirs. Avant tout, par-dessus tout, la plus grande gloire de Dieu !... » Ou bien, une autre fois : « Réconforter les malades, assister des mourants, envoyer des âmes au Paradis, quoi de mieux ? Je me ferais un crime de chercher à interrompre tes travaux, en te tourmentant pour venir. Du reste, nous sommes trop près du dénouement pour lâcher momentanément ton poste. Patience donc, et *ad majorem Dei gloriam* » !.. Et il terminait ainsi sa lettre, une des dernières que j'aie reçues alors : « Prions Dieu qu'il bénisse les travaux de l'Assemblée et nos négociateurs ; et n'oublions pas, quoi qu'il arrive, que nous ne sommes que poussière et destinés à rentrer bientôt dans la poussière, mais pour revivre éternellement en Notre-Seigneur. »

Le 13 mars, j'arrivai à Lyon. Laurent y était rentré la veille avec sa femme. Dieu sait si mon bon père fut heureux de nous revoir ! Dans le courant d'avril, nous nous séparions encore. Je retournai à Rome pour y achever la préparation des examens que j'avais encore à subir, et nos correspondances reprenaient leur train.

« Dieu soit loué ! m'écrivait-il dès sa première lettre ; te voilà rendu à ton poste... Je suis tout réconforté de te sentir en ce moment dans cette pauvre Rome... » Plusieurs fois, durant le cours de cet été de 71, il fut sur le point de faire son pèlerinage annuel *ad limina*. Finalement il ne le fit pas, ne voulant pas s'éloigner de Lyon et de ses affaires dans un moment si critique : le devoir avant le plaisir, suivant l'une de ses devises. Ses lettres n'ayant donc subi aucune interruption, j'y trouve quasi jour par jour ou au moins semaine par semaine, ses appréciations non-seulement sur la chronique lyonnaise, mais sur tous les événements importants de cette époque : les horreurs de la Commune, les élections et les votes de l'Assemblée, la marche générale de la politique Thiers, le 25e anniversaire de l'élection de Pie IX (16 juin), etc... Toujours même sûreté et hauteur de vues, même foi, même égalité d'âme, même confiance en Dieu et en sa Providence, et quand il le faut, indignation la plus vive et la plus franche, « pas encore tant contre les abominations de Paris, les incendies et les massacres, que contre l'indifférence stupide avec laquelle on accueille tout cela, comme une simple chronique faite pour défrayer la curiosité ! »

Inutile, ce me semble, d'entreprendre de nouvelles citations. La note dominante est amplement connue ; la variété ne pourrait être que dans l'expression.

A la fin de mon séjour à Rome, il fut décidé que j'entrerais à l'automne dans la Compagnie de Jésus. Quoiqu'il comprît très-bien que par cette détermination il allait me perdre davantage, mon père, loin de s'y opposer, s'empressa de m'avouer qu'à ma place il ferait comme moi et préférerait « le régulier au séculier. » Il avait pourtant évité avec le plus grand soin, tout le temps qui avait précédé la décision, de peser en rien sur elle ; il s'était contenté de demander pour moi au bon Dieu sa lumière et l'accomplissement de sa volonté.

« Je descends de Fourvières, mon bien-aimé fils, m'écrivait-il le 23 mai, je viens d'y fêter l'anniversaire de ton ordination, et de demander à Dieu qu'il te bénisse et t'éclaire. Je ne désire rien, je ne demande rien, si ce n'est que tout soit pour la plus grande gloire du Seigneur Jésus... » Et plus approchait le moment décisif pour moi, plus il avait à cœur de me redire qu'il ne voulait pour rien au monde m'influencer. « Je te répète que je ne désire rien, que je ne préfère rien ; je ne veux que ce que Dieu veut, quand et comme il le veut, bien convaincu qu'il t'éclairera et te guidera, et que tout ira à sa plus grande gloire. *Ad majorem Dei gloriam*, c'est ma devise, c'est le but auquel nous devons tendre. Au bon Dieu à nous indiquer les moyens ! Là se bornent mes prières à ton intention... » Enfin, à la veille du 15 août, comme je faisais ma dernière retraite préparatoire : « Le bon Dieu me fait la grâce de me sentir très-indifférent au dénouement qui s'ensuivra. *A. M. D. G.*. ! Que *Maria assumpta* soit ton guide et ton étoile ! »

Avec une telle disposition d'acquiescement à la volonté divine, mon père ne pouvait qu'accepter avec joie le dernier mot du bon Dieu.

Dès que je fus au noviciat, sa correspondance, tout en devenant un peu plus rare, continua et n'a pas cessé d'être un de mes meilleurs soutiens et comme une étoile directrice pour ma vie. Je puis dire qu'il avait comme d'instinct le sens de la vie religieuse, absolument comme s'il eût été lui-même façonné de vieille date à cette vie. Ainsi, aucun de ces menus détails de la vie de novice, qui de loin pourraient presque ressembler à des enfantillages, ne lui paraissait vil et bas ; tout lui semblait grand, du moment où ce devait être fait pour Dieu, et il terminait ainsi une de ces lettres d'alors: « Je ne veux pas abuser de ton temps ; je te laisse à ton balai et à tes lampes, ou plutôt, très-cher fils, à Celui qui change en or et lampes et balais, en qui nous pouvons nous retrouver à toute heure, et dont l'amour est le lien de la perfection. »

Ce qui le séduisait surtout dans l'état religieux, c'était cet abandon total qu'il suppose et exige entre les mains du bon Dieu, et que pour sa part il pratiquait si parfaitement dans la vie du monde. « Tes supérieurs te disent d'aller là, tu y vas, advienne que pourra. Oh ! quel beau métier que celui de Jésuite ! être sûr, quand on va n'importe où par obéissance, de faire la volonté de Dieu, et n'avoir nul souci du reste : c'est le beau idéal de la vie spirituelle.... Que tu es heureux de n'avoir plus à faire de projets, de n'avoir qu'à t'abandonner ! Comme j'envie ton sort !... Que tu as bien choisi la meilleure part !.. Oh ! qu'on a donc raison de s'attacher entièrement au service de Celui en qui on ne meurt point et en qui la mort est le meilleur des gains ! »

Toutes les fois que je dus changer de maison et de fonctions, et ce fut assez fréquent pendant ces quatre années, mon père était le premier à me parler comme mes règles et à me dire : « Qu'on t'envoie ici ou là, à ceci ou à cela, qu'importe, pourvu que la volonté de Dieu se fasse ? Que vous êtes heureux, vous autres, Jésuites, de pouvoir dire partout où l'on vous envoie : *Domine, bonum est nos hic esse !...* » Et lorsque mon mal de larynx me réduisit à l'inaction, et que je regimbai un peu contre cette petite croix du bon Dieu, mon père était encore là pour me prêcher avec sa bonne grâce habituelle « l'abandon joyeux et sans réserve ». « Si la Providence veut te guérir, elle te guérira ; si elle ne le veut pas, ce sera sans aucun doute pour sa plus grande gloire, et il faudra encore dire merci... On est Jésuite, il me semble, pour ne pas faire sa volonté et pour accepter de bon cœur tout ce que le bon Dieu envoie... Du reste, soigne-toi et obéis au médecin, c'est un devoir. Aussi j'ai bien expliqué au Saint-Esprit que quand je récite pour toi le *Veni Creator*, *le Sermone ditans guttura* ne doit point te concerner... Comme c'est heureux que tu ne sois pas entré chez les Frères-Prêcheurs ! Au moins chez les Jésuites, si tu ne peux prêcher, on te fera faire autre chose... »

Joyeux cependant de toutes mes joies, mon bon père fut tout heureux quand il apprit au printemps 1873 qu'on m'envoyait à Paray-le-Monial pour toute la durée des grands pèlerinages. Il aimait tant le Sacré-Cœur ! Le Sacré-Cœur, c'est à Lui qu'il me confiait en terminant une foule de ses lettres ; c'est à Lui qu'il nous a remis dans la recommandation suprême de son testament : « Je prie Marie ma Mère de présenter mon âme à Jésus-Christ mon Sauveur, au Cœur sacré duquel je remets tous ceux qui me sont chers. » C'est du Sacré-Cœur qu'il me parlait, un jour qu'il m'envoyait ces paroles tout enflammées : « Je te confie à ce Cœur, océan de bonté, *bonitatis oceanus*. As-tu bien réfléchi à cet océan, à cette mer sans fond et sans rivage, dans laquelle se perdent notre misère et notre indignité, et où il n'y a place que pour l'amour et la confiance ? *O amare ! o ire ! o tibi perire !* comme disait, après saint Augustin, Mme de la Ferronnays... » Aussi vint-il plus d'une fois à Paray pendant cet été de 73 ; il y retourna deux ou trois fois chacune des années suivantes ; il y était encore quinze jours avant sa mort, le 17 octobre, fête de la Bienheureuse Marguerite-Marie, avec MM. les abbés Lemann, à qui il avouait qu'il venait se préparer à paraître devant le bon Dieu, plein, du reste, de son entrain et de sa gaieté accoutumés : ce fut son dernier voyage ici-bas. Je puis noter pourtant que, malgré son vif désir, il ne vint pas à Paray-le-Monial pour la grande fête du Sacré-Cœur, 20 juin 1873, à laquelle étaient convoqués les anciens zouaves pontificaux et des députations de toute la France. « Nous avons ce jour-là, m'écrivait-il, fête de la Congrégation ; je suis obligé d'y présider, et tu connais ma maxime : le devoir avant tout. »

Lorsque je partis pour Alger, le 1er octobre 74, mon bon père m'envoya à Marseille son mot d'adieu, le dernier adieu un peu long que nous devions nous faire avant le grand départ pour le Ciel : « Je ne veux pas te laisser mettre à la voile sans t'envoyer mon paternel adieu. Je ne ferai point du sentiment : nous sommes tous deux de trop grands garçons, et trop convaincus que tout est pour le mieux là où la volonté du bon Dieu t'appelle. Que sa volonté soit notre joie ; que sa grâce t'accompagne ; qu'il soit loué et béni de tout ! Si nous sommes pour quelque temps séparés l'un de l'autre, n'avons-nous pas, pour nous retrouver à toute heure, le Cœur Sacré de Jésus et celui de sa sainte Mère ?... A Dieu donc, bien-aimé fils ! Daignent les Anges Gardiens, que tu vas fêter en mer, guider heureusement le navire qui t'emporte ! Je te serre contre mon cœur et t'embrasse de toute ma force. Salue de ma part Notre-Dame d'Afrique ; je te ferai recommander à elle par Notre-Dame de Fourvières. »

Toutes les lettres de cette dernière série, pleines, comme toujours, de faits et de réflexions, me semblent imprégnées plus que jamais de l'esprit de foi, d'énergie chrétienne, d'union au bon Dieu et à sa volonté, imprégnées aussi, mais pas plus qu'à l'ordinaire, de la pensée, non pas tant de la mort, que du Ciel et de ses joies. Le 1er novembre, il me donne rendez-vous dans le vestibule de l'Église triomphante et de l'Église souffrante. Le 8 décembre, une de ses fêtes les plus aimées, c'est aux pieds de la bonne Mère :

« Qu'elle soit à la vie, à la mort (*sive vivimus, sive morimur*, comme il le disait souvent) notre vie, notre joie et notre espérance ! » Le 1er janvier, sans de plus noirs pressentiments que d'habitude, il se contente de me dire : « Reçois mes souhaits de bonne année, que je confie aux Anges gardiens de tes cinq petites nièces, afin qu'ils te les portent eux-mêmes, après les avoir présentés à Dieu. »

Le 5 mars, il me rappelle comme de coutume l'anniversaire de la mort de ma mère : « Nous avons, n'est-ce pas, passé ensemble la journée d'hier, mon cher Révérend ? J'ai refait avec toi, pas à pas, et heure par heure, cette journée de bénédiction qui fut pour ta mère celle de la vraie naissance, comme l'Eglise appelle *natalitia* le jour de la mort de ses saints... J'aime ces souvenirs qui mettent l'âme en paix et reportent nos pensées vers cette Cité permanente qui doit être bientôt et sera, j'espère, notre séjour... »

Etaient-ce là des pressentiments distincts d'une fin prochaine ? je n'ai pas de raison positive de le croire. Le fait certain, c'est que depuis longtemps déjà, surtout depuis nos deuils, la pensée de la mort était chez lui une pensée familière, pensée de tous les jours, presque de tous les instants, pensée sereine, du reste, sans ombres et sans tristesses. C'est qu'il avait toujours sa lampe allumée, comme dit l'Evangile et comme il l'a dit lui-même de quelques-uns de ses amis morts avant lui. Il était bien, à la lettre, le serviteur bon et fidèle qui attend son Maître sans crainte, prêt à lui ouvrir, parce qu'il ne regrette rien de ce qu'il doit quitter, qu'il ne sent aucun remords en sa conscience et qu'il compte bien trouver dans son Juge un ami, un père et le rémunérateur le plus généreux. Plus que cela : il s'était si bien habitué à vivre, pour ainsi dire, dans le Ciel par le cœur et le désir, qu'il en était presque à répéter avec saint Paul : *Cupio dissolvi et esse cum Christo* —

mihi vivere Christus est et mori lucrum, quoiqu'avant tout et au-dessus de tout : *fiat voluntas Dei !*

C'est ainsi que certaines paroles, qui chez d'autres auraient pu paraître des présages sinistres, étaient dans sa bouche ou sous sa plume, pour qui le connaissait bien, toutes simples et toutes naturelles, l'expression vraie de son âme qui ne perdait jamais de vue l'*Estote parati.* Il y a déjà sept ou huit ans, comme il était l'un des quêteurs pour l'érection d'une chapelle publique à Loyasse, il m'écrivait : « C'est une œuvre qui m'intéressse au plus haut degré. Il fera si bon, quand on montera là-haut pour les autres, d'y trouver Notre-Seigneur et un coin pour prier, et quand on y montera pour soi, de recueillir là le fruit des messes qui s'y disent et des prières qu'on y fera ! » Et la veille de l'Ascension 1871 : « A demain et aux jours suivants le réconfortant *Sursum corda,* jusqu'à ce qu'il plaise à Dieu de nous mettre en possession de l'éternelle vérité et de la chère éternité ! »

J'avoue toutefois que depuis trois ou quatre ans, cette pensée que la mort ne pouvait plus tarder beaucoup pour lui, avait pris dans son cœur plus de consistance. Le 14 octobre 1872, il m'écrivit : « C'est demain le 62e anniversaire de mon baptême. Donne-moi un souvenir particulier. Ce qui me reste à vivre est *bien peu.* Obtiens-moi par sainte Thérèse que *ce peu* soit du moins employé tout entier à racheter le passé ! » Et un an après, à la même date : « Voilà mes soixante-trois années accomplies, soixante-trois années perdues dans l'oubli, et vides, hélas ! de Celui qui les pèse ! elles font de moi une vieille carcasse dont les vers attendent la proie... » Déjà aux vacances de 1869, comme un ami peignait son portrait, mon père, pour prendre patience pendant ces longues séances de pose qu'on lui faisait subir, s'était mis à faire toute une pièce de vers sur sa *caricature,* comme il disait ; et dans cette pièce il y a tout un couplet sur les vers et la pourriture qui « doivent bientôt dévorer l'*original* ». Et cependant, j'étais, pour ma part, tellement accoutumé à voir mon père dans ce courant de pensées, que ces paroles sombres, jetées çà et là dans sa conversation et dans ses lettres, quelque pénibles qu'elles fussent, ne me faisaient pas une impression très-vive. J'étais au contraire persuadé que le bon Dieu daignerait me laisser encore longtemps mon père bien-aimé : il était tellement mon conseil et mon appui, et la vie me semblait si vide sans sa chère présence !

L'idée que mon père se faisait de la mort et du bonheur de ceux qui s'en vont bien disposés, apparaissait très-visiblement toutes les fois que le bon Dieu le frappait dans quelqu'une de ses affections. J'ai suffisamment cité ce qu'il m'a dit de ma mère. De plus, il avait pris l'habitude, depuis mon temps de Paris et de Rome, de m'annoncer fidèlement toutes les morts qui pouvaient m'intéresser. Je trouve aussi dans ses lettres de petits mots nécrologiques pleins de cœur sur la plupart de ses amis ou connaissances disparus dans ces dernières années..... Sur la mort de Mlle R. M. : « Tu sais que je l'aimais tendrement et qu'elle me le rendait. Pour celle-là je suis tranquille. Elle a vécu comme un ange et est morte comme une sainte, entourée de tous les siens, conservant jusqu'à la dernière minute sa pleine connaissance et le sentiment de sa fin. Je suis allé la voir tout à l'heure, au sortir d'un mariage. Elle était vêtue de blanc comme pour une première communion, parée de roses et de lilas blancs, rayonnante de la paix du Ciel. Oh ! comme les fleurs de la mariée étaient pâles à côté de celles-là ! et qu'il est doux de mourir quand on meurt dans le bon Dieu ! »

Voici encore ce qu'il m'écrivait, à propos de la mort de Mgr La Croix, un vieux prélat romain, qui nous était très-affectionné, que j'avais eu la consolation d'assister à

Rome peu avant ses derniers moments, et qui était mort dans une paix et un calme admirables : « Heureux, quand la dernière heure approche, ceux que la mort trouve confiants, résignés et en union avec Dieu ! Tu as eu l'heureuse chance de l'assister à ses derniers jours ; et lui a eu le bonheur de mourir simplement, tranquillement, tel qu'il était. Heureux ceux qui meurent ainsi, et dont la dernière heure n'est que le complément d'une vie bien réglée, bien unie à Dieu ! »

Les vides qui se faisaient parmi ses vieux amis lui étaient particulièrement sensibles, et toujours attentif aux leçons d'en haut, il les regardait comme des annonces de mort pour lui-même : « Nous avons enterré, hier, un de mes contemporains, qui fut longtemps mon intime ami, le compagnon de toutes nos œuvres, qui a tenu dans nos rangs et parmi la jeunesse chrétienne de Lyon une des plus grandes places, le brave C... Le départ de ce vieil ami m'a été très-douloureux. Tout ce qui reste de mon beau passé s'en va peu à peu et m'annonce que bientôt viendra mon tour... » Et à propos de M. B..., mort si promptement dans l'été de 1870 : « Il y a quinze jours, il communiait à Fourvières, à côté de moi. Nous nous étions longuement entretenus : il aimait tant Rome et le Pape ! et en moins de huit jours il a été emporté. Sa mort m'a vivement affecté. Nous étions à peu près du même âge. Dieu veuille que je m'en aille comme lui ! »

Entre toutes ces morts, ce fut bien celle de M. Guérin qui le frappa le plus au cœur. Il avait pour lui de tels sentiments d'amitié, je puis dire une telle vénération ! et dans son humilité il se croyait si loin de ce degré de vertu !

D'autres pertes l'affectèrent encore vivement dans la dernière année de sa vie. Je ne vois pas cependant que ces morts qui devaient précéder la sienne de si peu de mois, l'aient assombri ou abattu plus que d'autres. Il les pleure, il les envie pour lui-même : « ce sont des morts qui font vraiment envie », me dit-il ; il regrette « de voir disparaître ainsi coup sur coup tous ceux qui lui ont appris à connaître et à goûter la chère Rome : Mgr Plantier, le P. Freyd, Mgr Bastide, Mme Rosa » — mais là se bornent ses réflexions, sans autre pronostic plus spécialement alarmant.

Quoi qu'il en soit, si mon père eut des pressentiments précis de sa fin prochaine, ce qui ne me paraît point prouvé, ils ne diminuèrent ni son entrain dans la vie de famille, ni son activité pour ses affaires et pour ses œuvres. Sa vie me semble plus remplie que jamais dans ses dernières années. A tout moment, des réunions de comités se tiennent chez lui : pour les anciens zouaves, pour les cercles catholiques d'ouvriers, pour le passage à Lyon de Mgr Mermillod, de M. de Charette, de M. Veuillot, de M. de Mun. Au reste, loin de vouloir en prendre de l'importance, il ne fait qu'en rire, et il me raconte qu'un jour on a si bien envahi son salon, qu'un comité de dames et un comité de messieurs s'y sont rencontrés à la fois, et qu'il a été sur le point de demander un violon pour organiser une contredanse : « Je mène une vie *carnavalesque*, m'écrivait-il l'hiver passé ; incessamment des avalanches de visites, et réunions sur réunions, ou chez moi, ou chez les autres... Ah ! quand retrouverai-je un peu de calme et de solitude ? Je rêve, dès que le Carême sera venu, d'aller m'enfermer quelques jours dans quelque couvent, pour m'occuper un peu de mon âme qui s'en va à la débandade dans ce commerce-là... » — De ce côté je n'étais guère en peine.

En même temps, il s'occupa du comité carliste, et après m'avoir raconté que M. de C... venait d'être nommé Grand de Castille, baron, commandeur d'Isabelle-la-Catholique, etc...., il ajoute (c'était dans l'automne de 1874) : « Et te douterais-tu que moi aussi j'ai reçu du Roi, il y a huit jours, le brevet de commandeur de Charles III? Et cela, pour la petite part que j'ai prise à la fourniture des canons! Si tu voyais comme je me rengorge! Aussi, ai-je vite écrit à Marie de ne pas trop s'éprendre de sa résidence de Concley, car je vois venir le moment où il me faudra un château en Espagne, où les infantes auront droit au tabouret de la Cour... » Il avait reçu à la même occasion une photographie de la Reine, avec un mot de sa main qui l'avait beaucoup touché. D'ailleurs, il n'avait guère dit la chose qu'à nous et aux intimes.

Pour ses voyages de Rome, il continua à les faire chaque année, comme au temps où je m'y trouvais. Les dernières visites que mon père ait faites au Vatican datent des 5 et 6 mai 1872. Le jour de l'Ascension, il communia encore de la main de Pie IX, et deux jours après il était de retour à Champvert : « *Veni, vidi, vici,* » comme il me disait. Il n'avait fait qu'une apparition à Rome, suivant son habitude; mais il avait vu trois fois le Saint-Père, revu les principaux sanctuaires et ses meilleures connaissances. Qu'avait-il à rester plus longtemps? et cependant prévoyait-il dès lors qu'il venait de faire ses suprêmes adieux et au Pape et à la ville sainte? encore une fois, je ne le crois pas, d'après ses lettres.

Je pourrais signaler encore bien des choses édifiantes dans cette sainte vie. Par exemple, sa dureté pour lui-même, comme si son corps n'eût pas été depuis longtemps déjà un serviteur assoupli, et le mépris qu'il avait de sa santé. Elevé sans mollesse, il avait une répulsion comme native pour tout ce qui ressemblait aux précautions et aux remèdes. Deux ou trois fois, dans ces dernières années, il avait fait dans la rue des chutes qui nous avaient un peu inquiétés, vu surtout le mauvais état de ses yeux et de ses oreilles; mais lui en riait et m'écrivait un jour : « Il faut que ton frère n'ait rien eu à te dire pour prendre la peine de te conter mon aventure. Je me suis contenté, quand je suis tombé, de me remettre en mémoire cet avertissement d'une de nos hymnes lyonnaises : *cave, qui stas, ne labili deficias fide* (ou *pede* dans l'espèce)... » — J'ai dit déjà que je ne l'ai jamais entendu se plaindre de sa surdité. C'était même résignation tranquille pour sa vue, qui était devenue fort mauvaise. Ce n'est tout à fait que dans les derniers temps qu'il a avoué à Laurent, comme la chose la plus simple du monde, que depuis plusieurs mois déjà il avait un œil à peu près entièrement perdu. Nous nous aperçûmes également, au début de sa maladie, qu'il avait une planche dans son lit entre le matelas et la paillasse. Il nous dit bien que c'était par goût qu'il avait ordonné au domestique de la mettre là : le goût, en tout cas, n'était pas d'un délicat.

Ce mépris de ses aises avait pour conséquence ce que je pourrais appeler l'esprit de pauvreté. Je me rappelle que mon père m'avait raconté que Mme Guérin, à la mort de son mari, avait eu beaucoup de peine à satisfaire tous les pieux amis du défunt, qui demandaient en souvenir quelque petit objet lui ayant appartenu et servi : elle ne trouvait rien qu'elle pût convenablement offrir. Nous avons bien été, nous aussi, dans le même embarras. En dehors de ses petits objets de dévotion, mon bon père n'avait à son usage propre et journalier presque aucun de ces petits riens que si facilement on amasse et on garde.

Dur à lui-même, qu'en revanche il l'était peu pour les autres ! Pour les pauvres, le bon Dieu seul peut savoir ce qu'il leur a fait de visites et de charités, et ce qu'ils ont perdu en le perdant.

Au milieu des siens, nous ne nous lassions pas de le voir à l'œuvre. Qu'il était particulièrement un excellent grand-père ! qu'il aimait ses petites-filles et qu'il savait s'en faire aimer ! Il m'écrivait un jour qu'il n'était pas « un Saturne dévorant ses fils, mais bien un heureux grand-père dévoré par les caresses de ses petits-enfants. » Pour moi, il y a longtemps que j'ai renoncé à dire tout ce que mon bien-aimé père m'a constamment prodigué de tendresse et tout ce que j'ai découvert de trésors de dévoûment dans son cœur, à mesure que je l'ai mieux connu. Envers ses domestiques et quiconque était attaché à son service, même bonté d'âme. Il s'inquiétait de leur santé, de leurs intérêts, comme s'il s'était agi de ses enfants. Fort peu campagnard, fort peu au courant des us et coutumes des paysans et de la manière de faire avec le monde des fermiers et des grangers, il en était cependant on ne peut plus aimé et respecté. C'est qu'il savait toujours condescendre, sans jamais descendre. Je regrette de n'avoir aucune des lettres qu'il écrivait avec tant de cœur à ces braves gens, soit pour leur adresser une petite morale, soit pour les consoler dans leurs peines.

Ce qui me paraît plus étonnant et plus significatif, c'est cette influence, cette sorte de *magistrature morale*, comme on l'a appelée, qu'il exerçait sur les hommes de sa condition et de son bord. Certaines personnes s'adressaient à lui pour lui demander des conseils intimes, comme on n'en demande qu'à un directeur et à un prêtre. Cependant sa surdité et le va-et-vient continuel qui se faisait dans son bureau auraient dû suffire à rendre ces confidences impossibles. Mais il était bien discret comme un confesseur, et il avait la conscience si délicate, et il était si humble ! Si de loin en loin j'ai eu sur ces consultations intimes des révélations presque incroyables, ce n'a jamais été par lui. Par lui nous ne savions absolument rien de ce qu'il faisait en fait de charités, charités de paroles et d'actes comme charités d'aumônes, et se doutait-il même de la considération qu'elles lui valaient ?

Depuis longtemps mon père songeait à se retirer des affaires. Il en avait même été sérieusement question lors de la mort de ma mère. Il n'était resté au poste et à la besogne que sur les avis de son directeur, qui voyait dans son bureau et son commerce un centre d'action et un moyen d'influence, soit pour les œuvres pontificales, soit sur un certain monde qu'il ne pouvait guère atteindre en dehors des rapports commerciaux. Tous, d'ailleurs, nous redoutions comme instinctivement qu'avec les habitudes qu'il avait, une vie moins occupée et moins active ne lui fût en quelque sorte fatale et ne le vieillît avant le temps. Pourtant les affaires n'allaient guère depuis quelques années. Mon père m'écrivait en 1873 : « La grêle est tombée sur mes affaires comme sur la campagne; je viens de clore mon inventaire avec une grosse perte. *Deus dedit, Deus abstulit, sit nomen Domini benedictum!* » Il était fort inutile de poursuivre un tel chemin. Sur nos instances, et je crois même à sa grande satisfaction, mon père se décida donc à quitter la place : à la fin de juillet, il était installé dans son nouveau local et son nouveau genre de vie, avec un gros souci de moins. Nous étions tous heureux de penser qu'il allait pouvoir se donner davantage, et aux siens, et à ses amis, et à ses œuvres. J'étais revenu d'Alger le 10 juillet, et aussitôt casé à Fourvières. J'étais donc l'heureux témoin de ce changement fort attendu et désiré, de ces chers rêves d'avenir, et j'en prenais ma bonne part de joie. De son côté, mon cher père n'était pas en retard sur moi. M'avoir à côté de lui, à Fourvières, et cependant Jésuite, c'était une bonne fortune inespérée, trop belle... Quel beau troisième dimanche de juillet nous passâmes, sans arrière-pensée, sans douloureuse prévision !

Hélas ! le bon Dieu, à notre insu, arrangeait toutes choses pour d'autres desseins. De fait, il m'est impossible maintenant de ne pas remarquer en tout cela un concours de circonstances manifestement providentielles. Ce retrait des affaires, ma présence à Lyon, quelles coïncidences ! Ce sont elles qui lui faisaient dire, deux jours avant sa mort : « Le moment pourrait-il être mieux choisi pour mourir ? » Pour ce qui me concerne, il est certain que, dès mon entrée dans la Compagnie, prévoyant que l'obéissance pourrait m'envoyer fort loin, j'avais souvent demandé à Notre-Seigneur de me retenir près de mon bon père, s'il devait mourir avant moi. Mais que j'étais éloigné de supposer que ce grand sacrifice allait m'être sitôt imposé, et que je rentrais à Lyon pour de telles tristesses ! Si l'on m'eût dit qu'il avait encore dix ou quinze ans à vivre, j'aurais trouvé que c'était bien peu. Il me semblait si bien le voir longtemps devant nous, toujours jeune de forces, de cœur et d'esprit, nous soutenant de ses conseils et de sa présence ! Je ne calculais pas que la mesure de ses œuvres était comble et la récompense prête.

Du moins ses derniers mois furent encore bien remplis, et n'ont pu que contribuer à embellir la couronne. Ils furent spécialement occupés par la fondation de la *Faculté catholique de droit*. Du mois d'août au mois d'octobre, son salon s'ouvrit six ou sept fois, tantôt à l'assemblée générale des organisateurs, tantôt aux réunions de la commission exécutive ; cette dernière devait encore tenir séance chez lui la veille de sa mort. Ne pouvant, à cause de son infirmité, prendre part aux délibérations, il tâchait au moins de se mettre au courant de tout ce qui s'était décidé et devait se faire. Nommé trésorier du comité, il travaillait avec ardeur à réunir des souscripteurs. Le 21 octobre, je m'en souviens, il me montrait, tout content, le chiffre que, pour sa part, il avait déjà atteint avec un très-petit nombre de souscriptions. Parmi les papiers qu'il portait sur lui au moment où il se mit au lit pour ne plus se relever, nous avons trouvé écrite au crayon une liste des principaux fondateurs et des futurs professeurs de la Faculté, qu'il comptait inviter prochainement à dîner.

Quoi qu'aient pu dire certaines personnes qui voyaient mon père de moins près, il était en ces derniers temps tout aussi fort de santé; il avait l'âme et le front tout aussi sereins que d'ordinaire. Il ne s'absenta durant cet été que pour aller, deux ou trois fois, chez mon frère à Concley, et finalement à Paray-le-Monial, où il se trouvait le 17 octobre, pour la fête de la Bienheureuse Marguerite-Marie. MM. les abbés Lémann y baptisaient ce jour-là un Juif converti de Bagdad. Il s'y montra fort joyeux; et comme les principaux invités de la petite fête dînèrent dans les parloirs de la Visitation, mon père composa un quatrain de la meilleure humeur sur la gracieuse hospitalité des Visitandines.

Il venait me voir à Fourvières régulièrement chaque samedi, après ses dévotions accoutumées, et quelquefois dans le courant de la semaine. Seulement, avec sa conscience délicate et son exquise réserve, il craignait toujours d'abuser ou de ma voix ou de mon temps, et ses visites étaient fort courtes.

A son retour de Paray-le-Monial, il quitta Champvert pour prendre ses quartiers d'hiver, rue des Marronniers. Il monta à Fourvières pour la dernière fois le mardi 26 octobre dans la matinée. Il était avec ma belle-sœur et les deux aînées de mes petites nièces. Je n'avais pas revu ces chères petites depuis mon retour d'Afrique. Mon bon père jouissait de notre joie à tous. Dans l'après-midi, j'allai les rejoindre en ville, et nous fîmes ensemble une courte promenade, pour voir un plan de Jérusalem. Je trouvai mon père un peu pâle, mais je n'y fis aucune attention sérieuse, car il faisait ce jour-là un temps aigre et presque froid.

Les trois jours qui suivirent, comme nous n'étions convenus d'aucune visite, mon père ne vint pas me voir, et je n'allai pas non plus le trouver. Avais-je dès lors le vague pressentiment de quelque catastrophe? Ce qui est certain, c'est que toute la journée du jeudi 28 je fus fort triste, sans aucune raison de l'être : le bon Dieu ne me traitait-il pas en enfant gâté, en me mettant ainsi près des miens et de tout ce que j'aimais le plus au monde? Le vendredi, j'allai seul au cimetière, pour voir si la tombe de ma mère et de ma sœur était convenablement arrangée pour la fête de la Toussaint et le jour des Morts. Le temps était sombre et pluvieux : je revins de ma visite — pourquoi encore? — sous le poids d'un invincible abattement. Je me réjouissais toutefois à la pensée de voir mon bon père le lendemain matin, suivant l'invariable habitude, et je comptais lui soumettre quelques dispositions nouvelles pour nos tombes de Loyasse qui ne me semblaient plus assez soignées.

Pendant ce temps, mon père s'était porté comme de coutume jusqu'au jeudi soir. Le jeudi soir, il pensait d'abord aller dîner chez un ami à la campagne. Je ne sais pourquoi il n'y alla pas, dîna seul chez lui et alla passer sa soirée au Cercle, où il fit plusieurs parties de billard.

Pour le noter en passant, son âme si droite et toujours si prête à paraître devant le bon Dieu, n'avait jamais bien compris ce qu'il pouvait y avoir d'extraordinaire dans ce fait qu'on raconte de plusieurs saints, entre autres de saint François de Sales : comme l'aimable et saint Évêque était en train de faire une partie de billard ou de tout autre jeu, quelqu'un lui demanda : « Que feriez-vous si l'on venait vous dire de la part de Dieu que vous devez mourir dans un moment? — Je continuerais ma partie. » Un jour que nous rappelions ce trait avec le P. P. devant mon père, il nous dit tout tranquillement : « Mais il me semble que j'en ferais autant. »

En rentrant du Cercle, un peu plus tard que d'habitude, vers dix heures, il fut pris subitement d'un violent accès de fièvre qui le fit trembler, nous dit-il, de tous ses membres, jusqu'à faire trembler l'appartement, et cela pendant près d'une demi-heure. Mais, accoutumé à se traiter cavalièrement, il crut simplement que quelque plat de son dîner lui avait fait mal, et que, sortant ensuite avant que la digestion fût faite, il avait pris froid dehors. Il se coucha comme si de rien n'était, tâcha de dormir et se leva le lendemain matin comme à son ordinaire. Il voulut même dans la journée se rendre à son bureau. Là, M. G..., le voyant pâle et tremblant, l'obligea à rentrer au plus vite chez lui. Mon père se contenta de se mettre au coin de son feu, essaya d'avaler un potage, et enfin, sur les instances de son brave domestique qui fut admirable durant cette maladie, il se décida à se coucher *tout barbouillé,* nous disait-il, en réalité sous le coup d'une forte fièvre. Laurent était attendu ce soir-là même, arrivant de Concley. C'était providentiel. Il devait, dans la journée du samedi, emmener mon père auprès de sa femme et de ses enfants, pour passer avec lui les fêtes de la Toussaint, jusqu'au 4 ou 5 novembre. Il était même question de demander pour moi à mes Supérieurs la permission d'une journée. Mon bon père était tout heureux d'avance de cette petite réunion de famille, que depuis longtemps nous n'avions pas eue aussi complète. Laurent arriva par le dernier train, vers onze heures. Il trouva mon père éveillé et vraiment en mauvais état. Il espéra toutefois, lui aussi, que ce ne serait qu'une petite indigestion passagère et purement accidentelle. Son espérance devait être cruellement trompée.

X

SES SEPT JOURS DE MALADIE ET SA SAINTE MORT.

Je ne me doutais absolument de rien. Ni mon père, ni personne n'avait cru l'indisposition assez grave pour juger à propos de m'en prévenir. Le samedi matin, j'attendais mon père à l'heure réglementaire, huit heures au plus tard, après sa messe et sa communion. Vers sept heures, revenant de célébrer la sainte messe dans une communauté voisine, et m'arrêtant un instant dans le sanctuaire de Fourvières, je n'aperçus pas sa chère figure dans le chœur. Je le trouvai, contrairement à ses habitudes, bien peu matinal. Il était cependant toujours exact à ses rendez-vous à quelques minutes près. Or, à huit heures et demie, personne n'avait encore paru. Enfin, vers neuf heures, mon frère arrive. Il me conte tout ce qui s'est passé, me dit que, sans être inquiet, il est tout ennuyé de cette fatigue, et m'engage à descendre avec lui pour voir ce qu'il en est. A neuf heures et demie nous étions auprès de mon bon père.

Je n'oublierai jamais le saisissement que j'éprouvai en entrant dans sa chambre. Il était au coin de son feu, assis, vêtu de sa robe de chambre, un des coudes appuyé sur sa table, sa tête reposant lourde sur une main, de l'autre main il tenait une tasse de bouillon, dont il essayait d'avaler quelques gorgées, mais en se forçant et avec beaucoup de répugnance. Jamais je ne l'avais vu aussi abattu et aussi défait; de vrai, je ne l'avais jamais vu malade. Il eut beau me faire une mine alerte et joyeuse, autant qu'il le put ; il eut beau me renouveler les explications qu'il avait données la veille à Laurent, m'assurer que ce n'était rien, qu'il s'écoutait trop, et que le soir il serait aussi vaillant que d'ordinaire : je ne sais trop comment et pourquoi un affreux pressentiment me perça jusqu'au fond du cœur, et dès ce moment je me dis que ce pourrait bien être l'unique et la suprême maladie de mon père. Malgré tout, malgré les efforts que je fis pour me raccrocher à toute ombre d'espoir, je ne dis pas cette persuasion, mais cette idée ne put me quitter complétement. Je m'aperçus aussi que mon émotion avait passé dans l'âme de mon frère, et sans rien nous avouer, nous échangeâmes un regard consterné.

En dépit des protestations de mon père, nous l'obligeâmes à s'étendre au moins tout habillé sur son lit et nous fîmes demander le médecin. Laurent cependant était attendu à heure fixe chez son beau-père. Il ne pouvait, sous peine de jeter l'émoi dans la famille, ni différer son départ sans en dire la cause, ni se contenter d'une simple dépêche pour expliquer ce retard : on était si peu habitué à voir mon père souffrant, que la moindre de ses fatigues eût suffi à donner de l'inquiétude. Laurent partit donc comme il était convenu. Mon père, d'ailleurs, l'ordonnait ainsi, et il n'y avait nul péril en la demeure. Il fut seulement entendu entre nous deux que mon frère serait de retour dès le lendemain matin; qu'en attendant j'obtiendrais la permission de ne pas quitter notre cher malade, et que dans la soirée j'enverrais une dépêche pour rendre compte de l'avis du médecin.

Le médecin, M. G..., vint vers une heure. Il crut d'abord à un commencement de pneumonie, mais ne voulut rien préciser et constata simplement une forte fièvre. Sur son ordre mon père dut se coucher entièrement, ce qu'il fit non sans rire un peu de « ces précautions exagérées. » Il n'y avait toutefois nulle inquiétude sérieuse, et le docteur ne devait revenir que le lendemain matin. La soirée se passa sans incident particulier, seulement avec un mal de cœur et une somnolence presque continuels. Mon père voulut faire ponctuellement toutes ses prières et lectures ordinaires. Je remarquai que le chapelet qu'il tint à réciter avec moi à haute voix, fatiguait sa poitrine et lui causait un peu d'oppression. Quelques membres de la famille et de l'intimité particulière de mon père, prévenus seuls de notre alerte, vinrent le voir et causèrent un bon moment avec lui. Ils trouvèrent mes alarmes excessives et me rendirent un peu de cœur. Ce sont bien eux qui ont conservé jusqu'au bout les plus grandes illusions. Les nouvelles qu'ils donnaient au dehors ont contribué pour une large part à faire croire à tous ceux qui s'intéressaient à mon père que la maladie était sans danger. Ils n'ouvrirent guère les yeux que deux jours avant la fin. Ni Laurent, ni bientôt le médecin, ni moi, nous ne pensions ni ne parlions de même.

Je tenais surtout à rester auprès de mon père pour l'empêcher le lendemain matin de se lever et d'aller à la messe, car le lendemain était dimanche. Plusieurs fois, dans la soirée du samedi, il m'avait déclaré qu'il ne pouvait pour une pareille bagatelle se priver de la messe et des sacrements un dimanche, et ensuite le surlendemain jour de la Toussaint.

Cependant, le matin du dimanche venu, il ne demanda plus à se lever et à sortir. Il m'avoua sans plus de façons qu'il se sentait très-abattu et très-faible, et qu'il serait fort embarrassé s'il lui fallait seulement se traîner jusqu'à l'église de la Charité ou se tenir quelque temps sur ses pieds. Du moins, il voulut réciter toutes les prières de la messe, son épître, son évangile, tout en ayant soin de me dire qu'il était réduit « à l'état de bête » et ne pouvait prier le bon Dieu convenablement.

Mon frère revint à l'heure dite, au grand étonnement, je pourrais presque dire au grand scandale de mon bon père, qui n'admettait pas qu'une simple petite fatigue de « sa carcasse » causât tant de dérangement et tant de soins. Ce fut bien encore autre chose quand Laurent lui dit que ma belle-sœur et mon beau-frère arriveraient dans l'après-midi. On arrangea l'affaire en lui disant que puisqu'il ne pouvait faire sa visite projetée à ses enfants, c'était à eux de venir le voir. Somme toute, il accueillit son monde avec sa bonne humeur habituelle, sans se préoccuper, je crois, de cette arrivée, nous trouvant seulement bien exagérés dans nos sollicitudes. Bien entendu, les nouvelles de ses cinq petites-filles furent un des grands objets de la conversation.

La journée, en résumé, fut passable. On trouva mon père en meilleur état qu'on ne l'avait espéré. Le docteur lui-même ne remarquait plus aucun symptôme de fluxion de poitrine, mais sans pouvoir encore rien préciser. Ce qui le tourmentait le plus, c'était cette fièvre qui était venue si subitement, si violente, dès le début, et qui avait à peine diminué. Quant à mon père, il continuait à protester que la cause de son mal n'était qu'une indigestion, qu'il ne souffrait nulle part; il se trouvait seulement trop somnolent, trop écœuré, bon à rien, et tout en plaisantant médecins et médecines, il était lui-même le premier sujet de ses plaisanteries.

Je remontai ce soir-là à Fouvières plus tranquille, tranquille surtout de savoir mon père bien entouré. Ce fut bien mon seul rayon de paix et d'espoir au milieu de ces tristes jours. Il ne devait pas luire longtemps.

Le lendemain, fête de la Toussaint, redescendu dans la matinée, je trouvai mon père plus souffrant et tout notre monde plus inquiet. La maladie s'était déclarée, pour prendre bien vite un caractère des plus graves. Le docteur avait constaté des symptômes muqueux ou typhoïdes, et la fièvre était toujours très-forte. Hélas! mon saint et bien-aimé père, malgré la fête, que cependant il ne perdait pas de vue, ne parlait plus de se lever et d'aller à la messe. A peine pouvait-il faire ses prières tout seul, et encore je voyais qu'elles le fatiguaient. Il continuait cependant à réciter fidèlement son chapelet, et, en se reprenant souvent, les différentes heures de son petit-office de la Sainte-Vierge. Plus encore que la veille, il resta presque toute la journée dans une somnolence de mauvais augure. Du reste, aucun mot qui nous montrât qu'il eût dès lors conscience de la gravité de son mal. Nous remarquions seulement avec douleur que, même dans les moments où il était mieux éveillé, il parlait moins et paraissait plus absorbé. Il vit peu de monde dans la journée. Le médecin nous recommanda expressément de ne laisser entrer presque personne dans la chambre, afin de ne pas augmenter l'ardeur de la fièvre. Nous dûmes nous montrer intraitables pour l'observation de la consigne. Tant d'amis auraient désiré pénétrer auprès de notre cher malade! A notre regret, mais par strict devoir, nous dîmes non impitoyablement. J'espère que tous nous ont pardonné, et même approuvés.

Un point nous embarrassait. Nous ne pouvions absolument pas nous passer de sœurs garde-malades. Et cependant leur présence n'allait-elle pas singulièrement le fatiguer, l'énerver? Il était si habitué à se servir lui-même; il l'était si peu à être traité en malade, et ce serait la première fois qu'il allait se voir entouré pour lui-même de semblables acolythes? Il ne les avait jamais vues jusqu'ici qu'au lit de mort de ma sœur et de ma mère; et ce qui pouvait éveiller encore de sombres prévisions, il était convenu depuis de longues années avec les bonnes Sœurs de l'*Espérance*, nos anciennes locataires de Saint-Clair, qu'il se ferait soigner par elles à sa dernière maladie et ensevelir par elles ; il n'avait pas oublié la convention, et maintes fois il s'était amusé à la leur rappeler. Je me chargeai toutefois de présenter la chose et de la faire accepter, en disant à mon bon père que le médecin le voulait ainsi, qu'il fallait lui obéir, et que si la maladie devait se prolonger, ma belle-sœur et les domestiques ne pouvaient, sans se fatiguer, suffire seuls aux soins qu'elle demanderait. Je ne rencontrai, Dieu merci, aucune opposition ni surtout la triste réflexion que j'appréhendais plus encore pour moi que pour mon père lui-même : je lui savais l'âme si forte !

Les bonnes Sœurs vinrent donc dès le lundi soir. Mon bon et excellent père leur fit le meilleur des accueils, se contentant de les plaisanter un peu sur leurs noms pompeux et quasi divins, *Marie de l'Ascension, Marie de la Résurrection, Marie de l'Incarnation...*, leur disant qu'il les connaissait de vieille date, elles ou leurs Sœurs, qu'elles étaient toutes de la même farine, et que cette farine faisait une bonne pâte... Pauvres chères Sœurs, qu'elles furent édifiées de leur malade pendant ces quatre ou cinq jours qu'elles passèrent près de lui ! qu'elles le trouvèrent patient, obéissant, admirable ! comme elles nous dirent souvent qu'elles n'avaient jamais eu à soigner un malade aussi saint, aussi uni au bon Dieu, aussi prêt pour le Ciel ! et de leur côté, comme elles furent soigneuses, dévouées, prévenantes, attentives aux moindres détails, compatissantes à nos angoisses d'abord, et bientôt à notre douleur !

Je le dis en toute simplicité, nous nous attendions tous à ce que notre chère père serait un peu ce qu'on appelle un malade difficile. Avec ses habitudes et son caractère, comment allait-il supporter les auscultations et autres exigences minutieuses du docteur, les remèdes et les potions, les menus soins des Sœurs...? Nous comptions sans la grâce du bon Dieu et sans la généreuse vertu de notre saint malade. En réalité, dès que le mal fut devenu sérieux, mon père sembla positivement changer de nature. Tout en restant jusqu'au bout, doux, affectueux, généreux, joyeux même, tout ce qu'il était si bien d'avance, il devint en même temps, pour l'accomplissement des prescriptions médicales, plus souple et plus obéissant que le plus facile des malades. L'excellent docteur G... en était émerveillé jusqu'aux larmes. Il savait assez que c'était par esprit de sacrifice et de foi, non certes par apathie de caractère, que mon père était ainsi. De plus, jamais un murmure, jamais une plainte, jamais une expression de visage triste, souffrante ou contractée; une fois seulement, je crois l'avant-veille de sa mort, un petit cri de douleur tandis que Laurent le retournait dans son lit : il avait alors un point de côté très-aigu. Toujours *oui*, toujours *merci*, toujours *fiat*, et les yeux et le front sereins comme son âme. Nous remarquâmes en outre qu'il cherchait à se mortifier non-seulement en acceptant sans réflexion et sans répugnance apparente les potions les plus amères et tous les remèdes les plus pénibles à la nature, mais encore en refusant quelques petits bonbons que nous tenions près de lui pour servir d'adoucissants et de réactifs contre l'âpreté de certaines médecines.

Le mardi, 2 novembre, le médecin caractérisa nettement la maladie de *fièvre ataxique*. Il essaya dès lors de la traiter sur certains points comme on traite maintenant tout ce qui se rattache à la fièvre typhoïde. Il fit abaisser la température de la chambre, éteindre presque complétement le feu, ouvrir de temps en temps la fenêtre au milieu du jour, réduire le nombre des couvertures, et, ce que mon père désirait beaucoup depuis qu'il était au lit, il lui permit de se laver même à grande eau. Mon bon père ne disait rien pour ne pas nous contrister, mais je voyais qu'aucun de ces détails ne lui échappait, et qu'il en faisait son profit. Au printemps de 1874, lors de l'épidémie typhoïde qui sévit à Lyon, il avait vu mourir dans sa maison une jeune domestique de ma belle-sœur, emportée en quelques jours. Or, il se rappelait très-bien qu'on l'avait traitée de la sorte, par l'eau et un refroidissement général de la température. Dès ce jour (nous n'avons pas tardé à le savoir) notre bien-aimé malade se faisait ces réflexions par devers lui, mais il évitait par délicatesse de nous interroger et s'en remettait pleinement à la volonté du bon Dieu.

La journée du mardi fut, en somme, meilleure que la précédente. La fièvre et la chaleur intérieure du corps parurent décroître un moment, ce qui était un grand point. La somnolence également fut moindre Mon père nous parla davantage. Sa voix seulement était un peu altérée, bien qu'elle ait repris les deux derniers jours à peu près son timbre normal. Il suivait tout ce qui se passait autour de lui, voyait tous ceux qui entraient ou sortaient, pensait à tout, n'oubliait personne, excepté lui-même et son mal. Toujours ponctuel, il savait quelle était l'heure, presque à la minute. Ainsi, comme j'allais encore, pendant ces premiers jours, dîner, souper et même coucher à la résidence de la rue Sainte-Hélène, il était le premier à me faire signe quand c'était le moment de partir.

Un moment, dans le début, il parut un peu contrarié de me voir constamment dans sa chambre, et me demanda ce que je faisais là. Il me disait que ce n'était pas ma place, et que ma belle-sœur et Laurent étant auprès de lui, je devrais « regagner mes foyers relatifs. » Je lui répondis alors que j'étais parfaitement en règle, et que j'avais toute permission du R. P. Provincial et de mes autres Supérieurs. Il s'en montra fort touché, et me chargea de remercier les Pères de leur bonté.

Comme notre Père supérieur de Fourvières, le R. P. Raynaud, qui devait mourir, lui aussi, dans le courant de ce même mois de novembre, venait de partir pour Marseille très-souffrant, mon père me demanda plusieurs fois si j'avais de ses nouvelles, et fut vivement affecté d'apprendre que le mal ne faisait qu'empirer. Il s'enquit aussi de Mme M..., qu'il avait laissée indisposée au moment où il s'était mis au lit.

Pendant ces deux journées du lundi et du mardi, il nous chargea, Laurent et moi, d'écrire quatre ou cinq lettres en réponse à des personnes qui lui avaient écrit tout récemment. C'étaient simplement des lettres de charité ou de politesse ; mais n'était-il pas l'homme exact à tous les devoirs ?

Il nous rappela également que la commission exécutive de la *Faculté catholique* devait tenir séance chez lui le vendredi, et il nous pria d'avertir le secrétaire, M. M..., que le contre-temps de cette maladie ne devait point être un obstacle à la réunion : « Je ne pourrai y assister de ma personne, mais rien n'empêche que mon salon ne lui soit ouvert comme d'habitude. » Bien entendu, nous prévînmes M. M... dans un autre sens, sans nous douter cependant que le mal allait marcher si vite, et que déjà le vendredi nous toucherions aux derniers instants.

Ce fut dans la matinée du mardi que mon père me témoigna le désir de voir le P. de J..., « non, se hâta-t-il de m'ajouter, que j'aie rien de bien particulier à lui dire ; mais ayant vécu comme un païen pendant ces belles fêtes de la Toussaint. sans sacrements et sans messe, j'ai besoin de prendre un peu ma revanche. » Le bon Père, aussitôt prévenu, vint dès lors voir tous les jours notre malade, plutôt deux fois qu'une. N'était-il pas son vieil ami, en même temps que son confesseur et son conseil? Pour nous, il fut bien un père, un consolateur et un soutien.

En même temps, nous avions fait demander à Rome, par les bons Pères du Séminaire Français, si cordialement attachés à mon père, une bénédiction spéciale du Pape. Pour ma part, j'en attendais moins la guérison qu'un réconfort pour le moment de la grande lutte et une aide pour les pauvres affligés. Il était impossible que la bénédiction de Pie IX ne produisît pas quelque grâce visible en faveur d'un serviteur qui avait tant aimé sa personne et sa cause. En attendant, des signes de plus en plus clairs, attestant les desseins du bon Dieu, ne tardèrent pas à se manifester. Dès la première nuit où une des Sœurs le veilla, il lui avait dit : « Je crois bien que c'est là ma première et dernière maladie. » Le matin du mercredi, 3 novembre, se trouvant seul avec sa belle-fille, qui, elle non plus, ne le quittait pas, il lui demanda si elle n'allait pas retourner auprès de ses enfants : « Je vois bien maintenant, ajoutait-il, que ma maladie est sérieuse, que ce sera ou une fièvre typhoïde ou une fluxion de poitrine. Mais, comme il arrive d'ordinaire dans ces sortes de cas, ce ne sera que vers le dixième jour qu'on pourra bien caractériser la nature du mal. Vous avez donc tout le temps, ma chère Marie, d'aller voir vos gentilles petites filles, et de revenir auprès de moi, si le danger se déclare. »

Dans cette même journée du mercredi, un peu avant midi, comme je me trouvais dans la chambre, il m'avertit, suivant son habitude, qu'il était temps de partir pour aller dîner à la résidence; puis, comme je l'embrassais avant de sortir, il me dit tranquillement : « Tout de même, je dînerais volontiers si j'étais bien portant. Mais, ajouta-t-il en souriant, redînerai-je jamais?... *Fiat, laudetur justissima et amabilissima voluntas Dei!..* »

Je n'ai plus besoin de dire quel éclair ce mot fut pour

moi. Evidemment le bon Dieu lui révélait son état, ni le médecin ni aucun de nous n'ayant rien laissé voir de nos craintes en sa présence. Je ne pouvais admettre que ce fût le mauvais esprit qui le trompât, lui si peu sujet aux illusions de cet ennemi; il me semblait, au contraire, tout naturel que le bon Dieu parlât cœur à cœur dans un tel moment à celui qui avait toujours été si fidèle à écouter sa voix.

De son côté, Laurent avait eu aussi, de grand matin, une rude et vive alerte. Couchant dans l'antichambre voisine, il était attentif aux moindres mouvements, et à tout moment il était éveillé et debout. Or, mon père avait voulu se lever un instant; jusque-là il avait pu le faire sans trop de peine et sans aucun danger : Laurent l'aidait avec notre brave et admirable domestique. Mais cette fois, au moment où ils voulurent le mettre dans le lit, mon père tomba presque en syncope; et pendant une demi-minute, qui fut bien longue, Laurent crut que notre bien-aimé père allait lui rester mort entre les bras. Il n'était que trop visible que le mal, peut-être stationnaire en apparence, avait progressé, et que les forces baissaient. Le malade non plus ne se dissimula point cet affaiblissement, et il nous en parla plusieurs fois.

Cette matinée du mercredi fut encore attristée par un incident, fort naturel, il est vrai, et tout à fait prévu, mais qui n'en fut pas moins pour nous comme une nouvelle goutte de fiel ajoutée à l'amertume déjà bien grande du calice. On avait donné la veille à mon père d'assez fortes doses de quinine, et sa surdité habituelle en fut augmentée. Nous avions beau nous dire que c'était là un effet propre de ce remède, c'était dur de voir l'échange de nos communications rendu encore plus difficile en un pareil moment ! Pour moi, avec ma pauvre voix, toute causerie avec mon bon père m'était devenue presque impossible, dès le début de la maladie. C'était certainement une douloureuse privation qui m'était imposée. Du moins, Laurent me servait d'interprète; mais ce jour-là, pendant un moment, il ne put parvenir à se faire entendre, malgré ses efforts. Heureusement cet état dura peu. Jusqu'à ses dernières heures, mon père put entendre et causer, encore plus difficilement, il est vrai, que lorsqu'il était en santé, mais enfin il entendait. Cher et admirable père! dans ces courts instants où ses oreilles parurent totalement fermées, il s'aperçut fort bien que Laurent et la Sœur avaient beau élever la voix, et qu'aucun son ne lui arrivait. Toutefois, je l'observai à dessein, et je ne remarquai aucune trace d'émotion sur son visage.

Sa pensée elle-même demeurait calme et lucide comme son cœur. Il voulut avoir encore les nouvelles politiques, et nous demanda ce que nous pensions d'un nouveau journal qui venait de paraître à Rome, et qui en était à son troisième ou quatrième numéro. Il nous signala également quelques articles de journaux ou de revues publiés dans ces derniers temps, et qu'il avait lus avant de tomber malade.

Il se montra particulièrement préoccupé d'une certaine lettre, hélas! trop sympathique, écrite par M. de Montalembert, à la veille du Concile, au malheureux abbé Dœllinger, lettre qui venait d'être exhumée de je ne sais où, et jetée dans le public par le *Mercure allemand*. Mon père revint sur cette lettre à plusieurs reprises, me dit qu'il avait rêvé pendant la nuit à ce pauvre M. de Montalembert, non sans fatigue et sans tristesse, mais qu'il espérait toujours qu'un homme qui avait si bien servi et défendu l'Église n'avait pu que mourir repentant et soumis.

Il était si maître de lui qu'il songea à donner à son valet de chambre quelques commissions de la plus minime importance. C'est ainsi encore qu'il me dit, par deux fois, de

« prendre un peu d'argent dans son porte-monnaie resté sur sa cheminée pour le remettre au Père de J... » : il ne voulait pas que le Père payât de sa bourse les voitures dont il aurait besoin pour les visites qu'il lui faisait chaque jour.

Cependant la journée de mercredi avait été plus mauvaise que la précédente. Il y avait eu moins de somnolence; mais la fièvre avait repris toute son intensité. De plus, le mal, qui, jusque-là, n'avait pas présenté de caractères bien prononcés, et offrait plutôt quelques symptômes disparates, semblait tendre à se localiser vers la région des entrailles et de la poitrine. L'oppression devenait plus forte, et mon bon père commençait à avoir quelques quintes de toux qui nous faisaient souffrir plus encore que lui-même, car lui ne parlait que de son point de côté, qui « le gênait un peu. » Par une grâce dont je bénis mille fois Notre-Seigneur et sa sainte Mère, la tête restait absolument libre. Malgré la violence de la fièvre, non-seulement pas de délire, mais, même pendant la nuit, pas une ombre de divagation ou de cauchemar.

Outre la médication strictement réglementaire, le bon docteur nous avait permis de donner à mon père de temps en temps, et sans intervalles fixes, quand il le désirerait, quelques bonbons adoucissants et quelques gorgées rafraîchissantes. Usant de la permission, nous lui demandions assez souvent s'il voulait boire, quelles pastilles il désirait... Mais par esprit d'obéissance et de foi, pour être plus sûr de faire uniquement la volonté du bon Dieu, mon père ne tarda pas à nous dire : « Je vous en prie, ne me demandez pas *si je veux boire* ou *ce que je veux boire* : je ne sais que vous répondre quand vous m'interrogez de la sorte. Dites-moi seulement, quand il le faudra : Voici ce qu'il faut boire, c'est l'heure de le prendre ; le médecin l'a ainsi ordonné. Je vous promets alors de ne pas faire le récalcitrant et d'accepter ce que vous m'offrirez, quelque mauvais que ce soit. Ce n'est pas mon goût, c'est la volonté du bon Dieu qu'il s'agit de consulter. »

Décidément, il devenait de plus en plus saint, de plus en plus détaché de la terre et de lui-même, de plus en plus uni à Dieu. Aussi, la quasi-certitude de l'issue de la maladie l'emportait de plus en plus chez nous sur un dernier reste d'espérance.

Pendant ce temps, la maladie de mon bon père prenait dans la ville presque les proportions d'un malheur public. En dehors des quelques lettres qu'il nous avait fait écrire en son nom, nous avions écrit de notre côté et à notre manière; et dans la plupart des communautés de Lyon, dans quelques-unes de Rome, à Paray-le-Monial, ailleurs encore, on priait, on priait beaucoup. De toutes parts on venait, du matin au soir, demander des nouvelles à la porte. Presque personne ne voulait croire à la réalité du danger : le bon Dieu, se disait-on, ne peut retirer si tôt un tel homme de bien. La même pensée était exprimée dans toutes les lettres que nous recevions :

« Je ne puis croire que le bon Dieu veuille nous enlever déjà votre excellent père. Ses enfants, ses amis, toutes les bonnes œuvres et les bonnes causes ont trop besoin de lui. Partout on prie et on priera, et j'espère que Notre-Seigneur nous écoutera... Non, je ne me résigne pas à perdre tout espoir... Notre-Dame de Fourvières nous viendra en aide.» — « Que Dieu vous le garde et nous le garde. Sa vie est déjà pleine de mérites assurément; que le bon Dieu cependant lui permette d'y ajouter encore, pour sa gloire, pour votre joie et notre consolation. »— « Deux mots pour que je suive vos angoisses, ou, il faut l'espérer, pour que je m'associe à vos espérances. » — « La triste nouvelle que m'a apportée votre lettre m'a bouleversée. Vite, j'ai couru devant le bon Dieu pour le supplier de nous conserver une vie si précieuse, si utile à toutes les saintes causes. Depuis que cette poignante inquiétude est entrée dans mon cœur, chacun de ses battements est comme une prière qui sollicite la guérison de votre bien-aimé père, que j'ose apppeler pour moi un saint et incomparable ami... »

Hélas! c'était cette sainteté même qui nous faisait le plus peur, plus que la gravité du mal, plus que les pronostics du médecin. Cette chère âme, toujours si altérée de perfection et de vérité, n'était-elle pas suffisamment rassasiée, et que lui manquait-il, sinon les joies suprêmes du Ciel et le plein jour de la vision béatifique? La mort ne pouvait-elle pas venir, ou plutôt la gloire du Seigneur lui apparaître? *Satiabor, cùm apparuerit gloria tua.*

Dans la nuit du mercredi au jeudi, l'insomnie fut presque continuelle. Mon père dit à la Sœur qui le veillait: « Tout de même, cette maladie me mène rudement. Me voilà à peine au sixième jour, et je suis déjà si près de la fin. » Hélas! il ne parlait plus du dixième jour et des périodes successives de la fièvre typhoïde. N'était-ce pas le bon Dieu qui continuait à l'éclairer directement, non plus seulement sur la nature, mais sur la marche et sur l'issue de la maladie? car, je le repète, il n'avait rien pu entendre de nos craintes, et il devançait toutes les prévisions du médecin. Il s'empressa ensuite d'ajouter: « Mais, de grâce, qu'on ne prie pas pour ma guérison. » — Le bonne Sœur lui disant alors charitablement que le médecin n'était pas si inquiet, qu'il pouvait fort bien guérir sans miracle, mon père la reprit doucement: « Ma Sœur, vous n'êtes pas dans votre rôle. Au lieu de m'exhorter à bien mourir, vous me parlez de vivre. Vous devriez plutôt me parler de la bonté infinie de Notre-Seigneur qui a satisfait pour tous nos péchés et qui a fait surabonder la miséricorde là où l'iniquité a abondé. » Tout cela, au surplus, n'altérait en rien sa sérénité et sa paix. Loin de là, ce fut dans cette nuit du mercredi au jeudi que la même Sœur l'entendit fredonner joyeusement une prière en latin à la Sainte Vierge. C'était, j'imagine, le *Salve Regina*, qu'il avait l'invariable habitude de réciter chaque soir à genoux au pied de son lit, en sus de la prière commune qu'il présidait tous les jours depuis son mariage.

Toujours attentif à tout et conservant une lucidité d'esprit merveilleuse, mon excellent et bien-aimé père, qui sans doute pensait à moi en ce moment, dit à la Sœur à quatre heures du matin : « Voici l'heure à laquelle les Pères Jésuites se lèvent. » J'avais cependant obtenu de coucher cette nuit-là à la maison, et vers cinq heures, avant d'aller dire la sainte messe, j'étais auprès de mon père. Il fut étonné de me voir si tôt, et dit que mes Supérieurs étaient bien bons de m'accorder une si grande liberté, mais sans autre réflexion.

A mon retour de la messe, vers huit heures, je ne le trouvai pas plus fatigué. Il me parut seulement plus accablé et comme absorbé dans la méditation ou la prière. Instinctivement nous respections son recueillement et son silence, et nous nous serions fait scrupule de le troubler, quand il nous dit tout à coup, à mon frère et à moi : « Laurent et Joseph, êtes-vous tous deux seuls ? » (Il ne pouvait voir la Sœur qui était hors de la portée de son regard. Sa vue d'ailleurs, loin de baisser, semblait au contraire être devenue plus perçante : même sans ses lunettes, il se rendait compte de tous ceux qui entraient et l'abordaient.) Nous répondîmes donc que la Sœur était encore là. « Qu'elle veuille bien sortir un instant, et fermez les portes : j'aurais quelque chose à vous dire. »

Nous comprîmes immédiatement tous les deux que notre cher et vénéré père allait nous faire ses suprêmes révélations et ses recommandations dernières. Sans rien nous dire, nous tombâmes simultanément à genoux au pied de son lit, tenant ses mains dans les nôtres, tâchant seulement de ne pas les inonder de nos larmes.

Hélas! nous n'étions pas aussi maîtres de nous qu'il l'était de lui-même. Lui, calme, presque souriant, les yeux fermés et secs, sans émotion apparente, et d'une voix ferme, nous dit alors : « Je vous avoue, mes chers enfants, que quand je me suis mis au lit, je croyais que ce ne serait rien. Mais je vois bien maintenant que c'est fort grave. Du reste, je trouve que ce n'est pas si sot de mourir dans la grande année du Jubilé. Je suis entouré de mes enfants, mon testament est fait, toutes mes affaires sont en règle. Le moment est on ne peut mieux choisi pour mourir. Et si le bon Dieu ne veut plus de moi sur la terre, je ne vois pas ce qui m'y retiendrait. Au surplus, je ne m'effraie nullement et je suis parfaitement tranquille sur tout ce qui peut arriver. J'aurais seulement deux mots à vous dire sur mes dispositions... »

Il entra alors dans les plus menus détails sur ses volontés dernières; n'oubliant rien ni personne, comme s'il se fût agi d'un tiers ou qu'il eût été en pleine santé prêt à partir pour un voyage quelconque. Il nous précisa les sommes qu'il avait à verser encore pour différentes bonnes œuvres, notamment pour l'église de Fourvières, pour la chapelle du cimetière de Loyasse : « Je m'étais déjà engagé, ajouta-t-il, à payer cette somme, il y a une dizaine d'années, vers l'époque de la mort de votre mère. Depuis, l'exécution du projet de construction a subi quelques retards; mais maintenant j'aurai d'autant plus d'intérêt à ce que cette souscription soit fidèlement fournie, que j'aurai ma part aux prières qui se feront dans cette chapelle pour les défunts. » Enfin, il nous parla encore de l'Université catholique de Lyon, disant : « Voilà pour mes dettes. Pour tout le reste, je me remets entièrement entre les mains du bon Dieu. Qu'il fasse de moi ce qu'il lui plaira, peu m'importe. Je vous le répète, je ne suis nullement inquiet. Une seule chose me préoccupe un peu. Je voudrais recevoir l'Extrême-Onction le plus tôt possible. J'ai peur que ma tête ne vienne à s'embrouiller, et je tiens beaucoup à recevoir ce Sacrement pendant que j'ai encore toute la lucidité de mon esprit... »

Tout cela fut dit avec un calme et une sérénité qui n'étaient plus de ce monde et reflétaient déjà la paix et la lumière de l'éternité. Il allait continuer encore. Mais sa voix et sa poitrine se fatiguaient, car il avait parlé près de dix minutes, et une ou deux fois, il avait été obligé de prendre haleine. Laurent eut assez de force pour lui faire signe de s'arrêter. Nous plaçâmes sur nos têtes sa main droite, qui n'était plus seulement celle d'un père, mais bien celle d'un prédestiné. Désormais aucun doute n'était plus possible : le bon Dieu réclamait son bien, le moment de la récompense était venu.

Nous nous relevâmes pour l'embrasser. Il nous rendit notre baiser de tout cœur. Puis il resta recueilli, les yeux fermés comme auparavant. Quand ma belle-sœur entra pour lui dire bonjour et lui demander des nouvelles de sa nuit, il l'accueillit avec sa bonne grâce de tous les jours, mais sans faire aucune allusion à la scène qui venait de se passer. Il n'en dit rien non plus à la bonne Sœur de l'Espérance.

Quelques instants après, lorsque le docteur vint pour sa visite du matin, nous lui rapportâmes tout ce qui était arrivé. Le bon M. G... était assez chrétien pour donner aux paroles de mon père la même interprétation que nous. Alors même que la science humaine n'eût pas encore dit son dernier mot, le bon Dieu avait assez clairement prononcé le sien. Tout dans cette maladie semblait vraiment, je n'ose pas dire au-dessus, mais en dehors des règles naturelles et ordinaires. Néanmoins, homme de devoir et de cœur avant tout, fidèle et dévoué jusqu'à la fin à sa vieille amitié, il voulait tout essayer pour arrêter les progrès du mal. Il examina encore son malade consciencieusement. Mon bon père se laissait faire, se laissait tourner et retourner, malgré son point de côté, qui seul, disait-il toujours, le faisait souffrir, mais le faisait bien souffrir! Et tout en disant cela, il avait encore le courage de plaisanter sur les « explorations auxquelles on se livrait sur sa personne ». Au reste, le docteur ne constata aucun symptôme plus alarmant que la veille au soir. Il était convaincu que, naturellement parlant, le mal devait se prolonger encore plusieurs jours.

Quand M. G... eut bien fini *ses explorations*, mon bon père, qui avait laissé faire si patiemment, se hâta de l'interpeller sur cette question de l'Extrême-Onction, comme il l'avait fait avec nous : « Vous savez, docteur, tout aussi bien que moi, que, même pour la santé du corps, c'est un sacrement qui fait du bien aux malades qui le reçoivent avec foi. Or, j'ai la foi et pleine confiance dans l'efficacité de ce sacrement. » L'excellent M. G... eut beau l'assurer que rien ne pressait et qu'il lui promettait de l'avertir à temps, mon père n'entendit point raison et répéta ce qu'il nous avait dit : que sans doute le bon Dieu pouvait le laisser encore quelque temps, mais qu'enfin, lui, tenait à prendre ses sûretés et à recevoir ce sacrement en pleine connaissance, « tandis que Dieu me laisse encore, disait-il, la liberté de ma pensée et la complète disposition de moi-même. »

Il n'y avait pas à résister davantage à un si saint et héroïque désir. Il fut convenu que j'irais au plus tôt prier le P. de J... de venir lui-même et qu'ils s'entendraient tous deux sur ce qu'il y aurait à faire. « Je m'en rapporterai entièrement à sa décision, » ajouta mon père.

Mon beau-frère, qui était allé passer un ou deux jours

à la campagne pour y porter des nouvelles, revint dans cette journée du jeudi. Dès qu'il fut là, mon père lui répéta à peu près ce qu'il nous avait dit, avec plus de calme encore, presque avec entrain, et avec le ton simple et alerte de ses meilleurs jours : « Eh bien ! mon cher ami, vous venez peut-être me faire vos adieux. J'avoue qu'au commencement, je ne croyais pas que le mal fût si sérieux. Mais depuis que j'ai vu le médecin se livrer sur moi à toute sorte de manœuvres, je ne me suis plus fait illusion, et j'ai fort bien compris que l'affaire était grave. Du reste, *parata sunt omnia*. Je suis, Dieu merci, dans le plus grand calme, dans l'indifférence la plus complète sur tout ce que le bon Dieu voudra. S'il me prend, tant mieux ! s'il me laisse, tant mieux aussi ! Je déclare cependant, sans me croire meilleur qu'un autre, que jamais je ne pourrais être dans une disposition d'esprit et de cœur plus favorable, dans un plus grand calme, dans une plus complète indifférence sur l'issue du mal. Puis, là-haut, il y a bien des personnes que nous avons aimées et que je serai heureux de revoir; quant à ceux que je laisse, je les y reverrai bien un jour ! »

Cependant le docteur nous avait prévenus que la tête pourrait bien se prendre un peu comme la poitrine et les entrailles, et qu'il ne faudrait pas trop nous alarmer si nous remarquions quelques instants de divagation. La chose semblait toute naturelle avec cette forte fièvre. Il n'en fut rien. Mon père conservait toute sa présence d'esprit, toute sa bonne humeur, toute sa vertu. Il parlait de son corps avec les expressions les plus dédaigneuses, comme il le faisait d'ordinaire étant en santé, et il avait des mots plaisants pour désigner la plupart de ses remèdes, des mots toujours justes et vraiment caractéristiques. On avait ordonné pour cette journée une potion fort mauvaise, et le docteur avait averti mon père qu'il aurait à se faire violence pour la prendre. Mon père assura à la Sœur qu'elle n'était pas plus mauvaise qu'une autre, et il l'avala sans même avoir l'air de se vaincre, tant les victoires lui étaient devenues faciles !

Le P. de J... était venu dès le milieu de la journée pour prendre une décision au sujet de l'Extrême-Onction. Tout d'abord, voyant le malade encore si fort et si lucide, il était d'avis de ne pas se hâter. Pourtant, uniquement pour condescendre à ses pieux désirs, il lui proposa ou le surlendemain samedi, jour de la Sainte Vierge, ou même le lendemain, premier vendredi du mois, consacré par conséquent d'une façon spéciale au Sacré-Cœur : il inclinait plutôt pour le dernier délai du samedi. Mon père fit valoir ses raisons pour le vendredi : d'abord « le plus tôt, dit-il, sera le meilleur. » Puis, suivant admirablement le fil de ses idées et de son raisonnement, il fit voir au P. de J... que si l'Extrême-Onction ne lui donnait pas son congé définitif et le laissait vivre encore quelques jours, du moins elle lui procurerait le droit de recevoir la communion en viatique à de plus courts intervalles : ce qui était parfaitement juste. Le P. de J... ne put qu'accéder à une volonté si raisonnablement et si saintement motivée.

Au fond, n'y avait-il rien de plus ? Mon père ne pressentait-il pas dès ce moment que dans deux jours il serait trop tard ? N'avait-il pas demandé à la Sainte Vierge de le prendre le samedi ? La Sainte Vierge n'aurait-elle pas répondu intérieurement qu'elle le ferait ? N'y aurait-il pas eu comme un pacte conclu entre la Mère et l'enfant ? Et la Mère pouvait-elle n'être pas fidèle à un tel fils ? Ce sont là des suppositions, sinon pleinement confirmées, au moins trop vraisemblables pour que j'aie pu me défendre de les faire.

Il fut donc décidé que nous nous entendrions avec M. le curé de la paroisse pour l'heure de la cérémonie du lendemain. On fixa huit heures du matin. Toute l'après-dînée, toute la soirée, surtout toute la nuit, mon père demeura dans le silence, le recueillement, la prière, l'union au bon

Dieu. Quand il ne priait pas tout haut, on le voyait très-distinctement remuer les lèvres, baiser son cher crucifix, qu'il tenait continuellement dans ses mains avec les signes du plus vif amour et qu'il ne devait plus quitter. Visiblement il était tout entier au grand acte qui se préparait pour le lendemain, acte qui était pour lui sans terreurs, et qui, on le sentait déjà, ne lui réservait que des consolations et des forces. Nous eûmes beau l'observer, nous ne vîmes pas le moindre nuage, la plus légère ombre d'angoisse ou de frayeur passer sur sa figure. Vers le soir, il me demanda qui ferait la cérémonie, si ce serait le P. de J... ou M. le curé. Quand je lui dis que ce serait moi, Dieu aidant, et que le Père et M. le curé se contenteraient de m'assister, je vis un rayon de joie dans ses traits, et il me tendit la main comme pour me remercier. Je compris qu'il était heureux de cet arrangement, mais que par délicatesse il n'avait pas osé me le demander. Il nous pria aussi le soir de convoquer pour la cérémonie, outre les parents et les intimes, quelques personnes amies qu'il nous désigna. Aucun nom n'échappait à sa mémoire.

Tout cela n'avait fait que trop comprendre à ceux qui jusqu'alors s'étaient leurrés de quelque espoir que le temps des illusions était passé. Seulement, personne ne pouvait croire qu'avec une telle présence d'esprit et encore tant de forces physiques la fin pût être si proche.

Ce grand et douloureux vendredi arriva, toujours consolant et radieux pour notre saint malade. Plusieurs fois, depuis minuit, il en avait salué l'approche ; il avait demandé l'heure et exprimé ses impatiences si surhumaines. Vers le matin, me voyant près de son lit, il voulut savoir si ce n'était pas enfin le moment. Je lui dis que j'allais célébrer la sainte Messe à son intention, et qu'au retour le bon Dieu viendrait à lui. Pendant ce temps, toujours fidèle à ses habitudes de religieux respect, il exigeait que tout fût propre et parfaitement en ordre sur lui-même, sur son lit, sur la table où devaient reposer Notre-Seigneur et les saintes huiles, enfin dans toute la chambre. Déjà la veille, il avait voulu, malgré son extrême fatigue, qu'on lui lavât les pieds en vue des onctions. Rien de tout cela, d'ailleurs, ne le distrayait de sa préparation.

A huit heures, M. le curé était là avec la sainte Hostie et les saintes huiles. Outre les personnes les plus intimes de la famille et les domestiques, il y avait dans la chambre même ou dans l'antichambre les amis qu'il nous avait chargés de convoquer. Je donnai à mon vénéré père, toujours aussi calme et serein, le saint Viatique et les onctions. Il suivait ponctuellement les prières, faisait tous les signes de croix, et certainement il m'a obtenu par sa force et sa foi de pouvoir suffisamment contenir et maîtriser mon émotion. Que c'était touchant de le voir présenter ses mains et tous ses sens, par lesquels cependant il avait bien plus servi qu'offensé son Dieu! Je fus aussi frappé de voir combien les prières de l'administration qui exprimaient plus spécialement la paix, la confiance, la charité, la joie sereine et presque triomphante, tous les présages et les avant-goûts du Paradis, s'appliquaient admirablement à notre bienheureux mourant. M. le curé termina la cérémonie en prononçant sur lui la formule de la grande indulgence plénière.

Nous tombâmes alors tous quatre à genoux au pied du lit, mon frère, sa femme, mon beau-frère et moi. Le reste de la famille et toutes les personnes présentes étaient derrière nous, également à genoux et fondant en larmes. Nous prîmes la main droite de mon père pour qu'il l'étendît sur nos têtes et qu'il nous bénît. Il resta encore un moment en silence, comme s'il ne s'apercevait de rien, et tout plongé dans son action de grâces. Puis, cherchant à se soulever un peu et à prendre haleine, il nous dit d'un accent très-ferme :

« Je voudrais avoir la voix plus forte pour vous dire bien haut le bonheur que je goûte, maintenant que je viens de recevoir les derniers sacrements. Je trouve que ce n'est pas *si mal imaginé* de mourir dans cette année sainte de la grande Indulgence du Jubilé au milieu de vous tous. Vous êtes tous réunis autour de moi. Quelles grâces le bon Dieu me fait et combien je suis heureux! Oui, mes chers enfants, écoutez mes recommandations. Je vous laisse dans la paix, dans la charité, dans l'union. Gardez bien toujours cette paix, cette union. Gardez la charité. Demeurez constamment fidèles à la pratique de toutes les vertus chrétiennes, car c'est la vertu seule qui donne le véritable bonheur... Je vous dirais encore beaucoup d'autres choses, mais ma voix se fatigue, et peut-être avez-vous de la peine à m'entendre. Donc, mes enfants, je vous bénis. Oui, je vous bénis. Et puis, au Ciel!... »

C'était bien, dans les termes mêmes, quelque chose du discours de Notre-Seigneur à ses apôtres après la Cène. La voix était restée si distincte, que nul, même dans l'antichambre, n'avait perdu une syllabe. Tout le monde pleurait et sanglotait, excepté le malade, calme toujours et vraiment rayonnant de majesté. Tous voulurent l'embrasser une dernière fois et recevoir de sa main une bénédiction spéciale. Mon père, qui d'abord nous avait crus presque seuls et n'avait, ce me semble, parlé qu'à nous, reconnut tout le monde, et chacun à peu près eut son mot particulier. Ni à Laurent, ni à moi pourtant, il n'ajouta aucun adieu, aucune recommandation nouvelle. Sans doute il craignait de nous attendrir et de s'attendrir lui-même. A ma belle-sœur il recommanda de bien élever ses petites fillettes, d'en faire de bonnes chrétiennes, pieuses, douces, caressantes, simples du reste, dit-il, comme elles le sont déjà.

De telles émotions avaient nécessairement épuisé beaucoup les forces physiques de mon bon père. Le docteur, qui arriva peu après, le trouva très-abattu. Les symptômes qui s'étaient manifestés vers la poitrine et les entrailles étaient plus alarmants. Quelques mouvements nerveux, propres à cette fièvre ataxique, se produisaient dans les mains et les bras. Il évita de le remuer, pour ne pas le fatiguer davantage, pensant d'ailleurs que la maladie devait bien durer encore deux ou trois jours. Il s'apprêtait à partir, quand mon père qui, contre son habitude, ne lui avait pas encore adressé la parole ce jour-là, se tourna vers lui et lui dit tout tranquillement : « Maintenant, docteur, que vous avez déployé une stratégie consommée pour me faire mourir avec mes sacrements, il me reste deux petites permissions à vous demander : d'abord de prendre à ma fantaisie ce que je voudrai boire, puis de me lever quand il me plaira. » Le docteur lui fit observer que tout espoir n'étant pas absolument perdu, il ne fallait pas compromettre ainsi le résultat des remèdes et abandonner toutes les précautions et tous les soins. Puis, lui rappelant un de ses mots : « Vous m'avez dit souvent, vous vous en souvenez, que nous avions tous deux des têtes d'otages, et que nous mourrions fusillés par les communards : vous ne mourrez donc pas encore cette fois-ci. » Sans rien lui répondre, mon père se contenta de lui faire un petit signe de dénégation, comme pour lui dire que s'il avait espéré cela autrefois, il ne le croyait plus maintenant. Il répéta ce signe quelques heures plus tard en revoyant au pied de son lit un autre médecin, M. T.., amené en consultation.

Toute cette dernière journée se passa dans le recueillement le plus complet, comme dans une somnolence d'un autre monde, dans une sorte d'extase. Voyant tout perdu, nous laissâmes un peu plus facilement pénétrer quelques amis intimes : A M. B... il dit cette simple parole : « Je ne croyais pas que ce fût si facile de mourir. » A Mgr de Serres : « Monseigneur, que je suis heureux de voir votre bonne figure ! mais ne priez pas pour ma guérison ; ne m'empêchez pas d'aller au Paradis. » Aux abbés Lemann : « Oh ! bonjour, Isaac et Jacob. » Et à eux aussi il recommanda de ne pas retarder par leurs prières son départ pour le Ciel. Au reste, les rares paroles qu'il nous dit dans cette journée furent uniquement sur le Ciel et la joie d'y aller. Je l'ai remarqué avec attention, pas une seule fois le mot de purgatoire n'a été prononcé : rien que le Paradis !

C'est dans la matinée qu'il reçut pour la seconde fois la bénédiction du Pape. Une lettre m'avait apporté la première. Quand nous reçûmes la seconde par le télégraphe, mon père voulut tenir entre ses mains la précieuse dépêche, la regarda, la baisa, et repoussant ses couvertures, il fit un immense signe de croix, joignit les mains, et entra plus que jamais dans un recueillement profond.

Ce même télégramme m'accordait la permission de célébrer la sainte Messe dans la chambre attenante à celle du malade. Malheureusement je ne pus user de la permission. Le dénouement se hâtait. Très-probablement, mon père avait demandé à Notre-Seigneur et à la Sainte Vierge de le rappeler à eux aussitôt les sacrements reçus. Il était exaucé d'une façon extraordinaire. De fait, tous ceux qui l'avaient vu et entendu à la cérémonie du matin, comptaient encore sur deux ou trois jours de vie. Depuis, dans cette seule journée le mal avait progressé avec une rapidité inouïe.

Le bon P. de J.... revint pour la dernière fois vers six ou sept heures du soir. Il revit mon père en particulier : « Jamais, nous dit-il, dans toute ma carrière de prêtre, je n'ai vu de mourant qu'il fût si peu nécessaire d'exhorter. Ce serait plutôt lui qui m'exhorterait. Le bon Dieu fait l'œuvre tout seul. Ainsi il supplée au défaut de ses oreilles, qui n'entendraient pas assez les paroles des hommes. » La dernière parole que mon père lui dit fut celle-ci : « Mon Père, donnez-moi votre bénédiction avant de vous en aller », sans parler d'absolution, tant il sentait sa conscience tranquille.

Vers onze heures et demie, nous pensâmes décidément toucher à l'heure suprême. Mon père dit d'abord à la Sœur de réciter les prières des agonisants. Puis me voyant là, il se reprit : « Que Joseph les récite. » Pendant ce temps, il ne cessa de prier et de baiser sa croix, car il pouvait encore la porter à ses lèvres. Puis quand sa main défaillante n'eut plus la force que de la tenir, sans pouvoir la lever, il continuait à la serrer, à la reprendre dès qu'elle s'échappait, et il la baisait avec amour quand nous la portions à sa bouche.

Les dernières paroles ou plutôt les dernières prières qu'il prononça à haute voix furent presque toutes les formules qui lui étaient les plus familières et les prières de l'Église : « Oui, mon Dieu, je ne veux que ce que vous voulez »... « Tout est prêt »... « *Fiat, laudetur atque in æternum superexaltetur justissima, altissima et amabilissima voluntas Dei !* (sa plus chère prière) »... « *Quidquid habeo vel possideo mihi largitus es : id totum tibi restituo* »... « *Amorem tuî solum cum gratia tua mihi dones* »... « Jésus, Marie, Joseph (à plusieurs reprises) »... « Doux cœur de Marie, soyez mon salut »... Il récita toute la strophe : « *Monstra te esse Matrem* » ; tout « l'*Ave Maria* », en élevant fortement la voix à « *et in hora mortis nostræ* », avec trois fois « *Amen* » à la fin, toujours de plus en plus fort ; enfin, « *Deo gratias !* » et comme toute dernière parole, le « *Gloria Patri* » en entier, non plus le cri de la résignation, mais l'action de grâces et le cantique de la gloire et du ciel !

Il était juste quatre heures et demie du matin quand « Marie, sa Mère, vint chercher son âme pour la présenter à Jésus-Christ son Sauveur », comme il l'avait demandé dans son testament. C'était le samedi, le jour et l'heure où chaque semaine il s'apprêtait à monter à Fourvières depuis tant d'années. C'était dans l'Octave de tous les Saints, et maintes paroles de l'Office pouvaient littéralement s'appliquer à sa vie, à sa mort et à son bonheur. Pour le démon, je déclare que je n'ai même pas entrevu son ombre dans ces dernières heures. Point de tentation, point de frayeur, point d'agonie. Rien que la paix et la joie !

Et maintenant que nous reste-t-il à faire, sinon à invoquer ce serviteur bon et fidèle entré désormais, nous en avons l'espérance fondée, dans la joie de son Maître ? Père bien-aimé, veillez sur vos enfants et sur toute votre famille que vous avez tant chéris en ce monde ! Fils dévoué de la sainte Église romaine, béni encore par Pie IX à votre dernière heure, obtenez de Notre-Seigneur Jésus-Christ qu'il abrége les épreuves de son Vicaire.

Ouvrier généreux de tant de saintes causes, restez leur appui du sein de l'éternel repos que vous avez conquis en les servant. Ami si plein de cœur et si sûr, faites sentir votre protection à tant d'âmes qui vous avaient donné la plus confiante amitié, qui vous ont pleuré et vous pleurent encore ! Vos œuvres vous ont suivi, selon la parole de l'Esprit-Saint, et forment maintenant votre couronne. Que vos enfants et tous ceux que vous avez aimés ici-bas vous suivent aussi jusqu'au bout et soient fidèles au rendez-vous suprême que vous leur avez donné, au Ciel, auprès de Dieu !

Lettre adressée par Monseigneur le Comte de Chambord à M. Laurent Dugas, à l'occasion de la mort de son père :

« Goritz, le 18 janvier 1876.

« La triste nouvelle que vous m'annoncez, Monsieur, m'a douloureusement affecté. J'ai été vivement touché de l'unanimité des regrets et des hommages que la mémoire de l'homme de bien que vous pleurez rencontre dans la ville de Lyon.

« Cette grande cité, berceau de l'Œuvre admirable de la Propagation de la Foi, semble avoir le privilége de donner à la France ces serviteurs modestes, généreux, éclairés, de toutes les nobles causes, dont la vie se consume, loin des agitations stériles, à servir sans bruit, envers et contre tous, partout et toujours, le droit et la justice.

« Prosper Dugas, votre vénéré père, avait sa place au premier rang dans cette phalange d'élite des Lyonnais fidèles et dévoués.

« J'avais pour lui la plus affectueuse estime ; je suis profondément attristé de sa mort, et je m'associe de tout mon cœur à votre deuil, qui est également, je le sais, celui de tous vos amis. Les traditions de votre famille seront précieusement gardées, puisqu'elles sont confiées à votre frère, pour lequel je vous charge de mon meilleur souvenir, et à vous, Monsieur, le zouave de Pie IX, c'est-à-dire au défenseur de ce qu'il y a de grand dans le monde. Soyez aussi mon interprète auprès de Mme Dugas, et comptez sur ma constante affection.

« HENRI. »

TABLE DES MATIÈRES

POITIERS. — TYPOGRAPHIE DE OUDIN FRÈRES.

www.ingramcontent.com/pod-product-compliance
Ingram Content Group UK Ltd.
Pitfield, Milton Keynes, MK11 3LW, UK
UKHW021055230726
13926UKWH00004B/1871

9 782014 459135